Cécile ou Les Passions

TOME SECOND.

Paris.

CHEZ L'ÉDITEUR,

RUE GARENCIÈRE, N. 4.

mouvemens que se sont composées depuis la Restauration les vicissitudes politiques de la France, il sera facile d'apercevoir que c'est encore de leurs mouvemens et de leurs contre-mouvemens que dépendent ultérieurement ses destinées.

CÉCILE

OU

LES PASSIONS.

IMPRIMERIE DE J. TASTU,
RUE DE VAUGIRARD, N. 36.

CÉCILE

OU

LES PASSIONS

PAR M. E. JOUY

DE L'ACADÉMIE FRANÇAISE.

Je condamne les alliances entre parents ez degrez défendus ; par cette raison, parmi les aultres, qu'il y a dangier que l'amour surchargé de l'affection qu'on doibt à la parentèle, n'emporte hors les barrières de la raison.

MONTAIGNE.

Tome Deuxième.

PARIS

CHEZ L'ÉDITEUR,

RUE GARENCIÈRE, N. 4.

1827

CÉCILE

OU

LES PASSIONS.

LETTRE XX.

CHARLES A ANATOLE.

Rennes, juin 1786.

Fuis, Anatole, tu n'as pas un moment à perdre; crois-en ma tendre amitié, crois-en l'homme qui lit mieux que toi dans ton propre cœur; ta dernière lettre me fait frémir; j'y trouve tous les symptômes d'une passion qui ouvre sous tes pas un abîme de maux. Songe à prendre le seul parti qui te reste.... La fuite.... Chaque mot qui t'échappe décèle un amour fatal que tu cherches à te déguiser à toi-même; les étincelles du brasier que tu couves dans ton sein, s'échappent de toutes parts. Anatole, mon cher Anatole, il en est temps encore, étouffe ce feu dont je crains pour toi les terribles effets. Je serais indigne du nom d'ami si, par une lâche complaisance, je te dérobais l'imminence du danger qui te menace; l'étendue des devoirs que tu es près de violer et les suites funestes d'un amour d'autant plus à craindre, que sa violence croîtra en raison des obstacles que les lois, les préjugés et les circonstances y opposent. Cesse de te faire illusion sur la nature de tes sentimens pour ta nièce. J'ai pitié de toi, quand je t'entends dire avec une apparente sécurité qui en imposerait à tout autre, que l'intérêt que tu prends à Cécile est aussi pur que les liens du sang où il prend sa source. Sans répondre à tous les sophismes, à toutes les subtilités que ton esprit entasse pour tromper ton propre cœur, je me contenterai d'un raisonnement bien simple : si tu m'as peint Cécile telle qu'elle est, tu dois la fuir parce qu'il est impossible de ne pas l'aimer; si ton imagination a flatté son portrait, tu dois la fuir parce que tu l'aimes.

Tel est à mes yeux le progrès du mal, que si tu diffères, dans un mois te conseiller la fuite, serait *vous* conseiller la mort. Veux-tu que je m'explique entièrement sur ce triste sujet; veux-tu qu'à soixante lieues de toi, je t'apprenne un secret que m'ont dévoilé quelques lignes de ta dernière lettre? C'est peu de brûler en secret pour ta nièce, ta fatale passion est partagée : oui! mais prends garde, Anatole, que cette découverte ne te cause un seul moment de joie!... Vous avez bu tous deux à la coupe empoisonnée, et le plus coupable, ou du moins le plus indiscret, n'est peut-être pas le plus à plaindre. Maintenant, si mes craintes sont fondées (et fasse le ciel que je sois dans l'erreur!) examinons s'il est pour toi d'autre parti que celui que je propose. La plus aimée, la plus aimable des sœurs, retrouve après dix ans un frère chéri, le presse contre son sein, lui prodigue les soins, les bienfaits de la plus tendre mère, s'abandonne à l'espoir de passer avec lui des jours heureux et paisibles; pleine de confiance dans les principes, dans les vertus de son frère, elle lui confie l'éducation de sa fille, l'objet de son délire maternel, sa fille sur qui repose sa joie, son bonheur, son orgueil : dis-moi maintenant, Anatole, si tu peux envisager, sans frémir, l'idée de payer tant d'amour, tant de bienfaits, par la séduction.... Tu vas te récrier à ce mot. *Périsse le monstre*.... Voilà, mon ami, l'expression d'une ame honnête, mais d'une ame embrasée. Va, je connais trop mon ami pour le soupçonner capable de s'arrêter un moment à l'idée de corrompre celle dont il parle avec un si saint enthousiasme. Mais la séduction n'est-elle pas un des élémens de l'amour, de l'amour le plus pur ? Son siége est dans les yeux, dans le langage, dans le silence de l'objet qu'on aime ; elle agit à l'insu de deux amans vertueux, et l'innocence qui la redoute, l'exerce souvent avec plus de succès que la coquetterie qui la médite. Je résume en deux mots ta position et je comprime mes idées pour en augmenter la force. Si tu restes auprès de Cécile, qu'arrivera-t-il ? Tu reconnaîtras avant peu, et peut-être aux plus funestes effets, la réalité de mes craintes; l'amour et son cortége affreux, la jalousie, le soupçon, l'inquiétude éteindront dans les orages, l'aurore du beau jour qui commençait à se lever pour toi. Né pour le bonheur de tes amis, tu peux avoir un jour à te reprocher leur infortune ; car, Anatole, voyons les choses sous leur vrai point de vue : si malheureusement tu venais à laisser prendre racine dans le cœur de ta charmante nièce à une passion, qui, si j'ai bien saisi son caractère, doit décider à jamais de son sort, quel serait ton espoir ? Je répondrai pour toi. Rome s'est arrogé le droit de défendre ou de permettre les mariages entre parens; l'union de l'oncle et de la nièce est consacrée par plus d'un exemple. Je ne te dirai pas qu'il s'agirait d'une somme très-considérable, elle ne serait jamais au-dessus de ta fortune tant que la mienne y pourrait atteindre; mais as-tu calculé jusqu'où pourrait aller la résistance de M. de Clénord, qui a des vues ambitieuses sur sa fille; as-tu réfléchi à l'impossibilité de faire consentir ta sœur, élevée dans les principes d'une morale si pieuse, si sévère, à l'hymen de son frère avec sa fille? T'es-tu familiarisé avec l'idée de son désespoir? Non, dans ta sécurité dangereuse, tu jouis imprudemment d'un calme avant-coureur des orages qui s'amoncellent sur ta tête, et dont l'explosion subite peut ravager tes plus douces espérances et celles de ceux qui te sont chers. Mais si, prudent et courageux, tu t'éloignes pour quelque temps des lieux où tu ne peux rester sans danger; si tu viens te réfugier au sein de l'amitié, une absence de quelques mois suffira pour étouffer dans ton cœur et dans le sien, un sentiment qui, je l'espère, n'est pas encore devenu une condition de votre existence, et lorsque nous serons assurés de nos forces, nous reviendrons nous exposer sans crainte à des périls contre lesquels nous nous serons armés.

Que j'aurais de réflexions à faire sur ta lettre! que j'aurais de choses à dire sur cet aveu si naïf du plaisir que tu as trouvé à humilier le comte; vanité puérile qui est si loin de ton caractère! Mais toutes les remarques que je pourrais faire sur ta conversation au bord de la rivière, sur l'opposition des portraits de Pauline et de Cécile, sur la définition de l'inconstance, etc., sont comprises dans les premières lignes de ma lettre. Fuis, Anatole, tu n'as pas un moment à perdre. Adieu.

P. S. Je t'écrirai demain pour te parler de mes affaires; aujourd'hui je n'ai pu m'occuper que de toi.

LETTRE XXI.

LE COMTE DE MONTFORD AU DUC DE .... [1].

.... 1786.

Non, mon cher duc, je ne suis pas mort tout-à-fait, mais peu s'en faut, et tu peux, à la rigueur, regarder cette lettre comme un billet d'enterrement; en d'autres mots, je me marie...Tu n'en crois pas tes yeux; tu relis dix fois ces

[1] Nous n'avons pu retrouver que cette seule lettre du comte de Montford; nous regrettons la suite d'une correspondance où le lecteur aurait trouvé sans doute une esquisse fidèle des mœurs de la cour à cette époque.

premières lignes, et quand tu t'es bien assuré qu'il n'y a pas là de *lapsus calami*, comme dirait notre vieux gouverneur, tu fais atteler ton phaéton pour aller colporter cette nouvelle chez nos amis, et surtout chez nos amies... Doucement, monsieur l'indiscret, je me marie ne veut pas dire que je sois marié, mais que j'ai peur d'être obligé de finir par là. Autre exclamation de ta part : « Montford amoureux, en province, de la fille ou de la veuve de quelque hobereau des bords de la Loire ! Ce brillant émule des Valmont, des Lovelace de France et d'Angleterre, au milieu de ses triomphes se voit réduit à mettre bas les armes, et à capituler aux pieds d'une petite provinciale. » Il y a bien quelque chose de vrai dans tout cela; mais en m'écoutant jusqu'au bout, tu finiras peut-être par m'entendre.

D'abord la jeune personne est ravissante ; et si tu me promets de ne me point trahir, je te dirai que sa présentation à la cour y ferait une véritable révolution ; voilà pour l'amour-propre. Sa famille maternelle a de l'illustration ; son père *n'est seigneur suzerain que d'un million d'écus*, mais je suis moins difficile que d'Hozier, et je prends ces titres-là pour des preuves. Ainsi donc, moi, si fier de l'antiquité de ma race, des vingt-quatre quartiers d'une noblesse qui remonte, parchemins sur table, au temps d'Arthus et de Charlemagne, j'interromprais cette longue lignée de florissans ancêtres ; le sang des Montford s'allierait à celui d'un fournisseur de la marine !... C'est une honte ! c'est une abomination ! C'est tout ce que tu voudras, mon cher ; mais ainsi va le monde. Tu ne veux pas voir que le siècle tourne à la roture, et que nous ne pouvons plus dire, comme ce *bien-aimé* Louis XV, d'insouciante mémoire: « Qu'importe! cela durera autant que » nous. »

Quand je me mets à réfléchir, ce qui m'arrive d'ailleurs rarement, je suis tout surpris de la sécurité avec laquelle nous marchons, nous autres grands seigneurs, sur un sol épuisé par le despotisme, et miné depuis un demi-siècle par la philosophie. Je m'apercevais depuis quelque temps qu'une agitation sourde, un invincible besoin de changement, travaillait la nation entière et se faisait sentir jusqu'à la cour. On y respire je ne sais quelle odeur d'indépendance qui monte à la tête, et ne tardera pas à causer des vertiges. Mon cher duc, dans cet état de choses, j'ai fait mon thême en deux façons. J'ai commencé parjouir le plus complètement et le plus vite possible de ma jeunesse et de ma position sociale; maintenant je m'arrange pour tirer parti d'un avenir que je prévois. Avec de grands biens j'ai beaucoup de dettes, et je me décide à les payer, dans la supposition très-gratuite, selon toi, qu'il viendra un temps où les gens comme il faut ne se débarrasseront pas autrement de leurs créanciers.

Maintenant faut-il te faire un aveu plus pénible? J'ai pris la résolution d'épouser dans toutes les règles la fille d'un parvenu : j'ai laissé percer mes intentions, et je n'ai encore fait que la conquête de mon futur beau-père... Non.... d'honneur! je ne me crois pas fort avant dans les bonnes grâces de la jeune personne. J'avais d'abord eu quelqu'envie de l'en punir en adressant mon hommage à sa jeune amie, la fille du président d'Amercour, qui n'est pas tout-à-fait aussi riche ni aussi jolie que Cécile, mais dont la naissance a quelque chose de moins inconvenant. Je suis revenu sur cette idée. Après tout, c'est bien le moins dans une pareille aventure de rencontrer quelques obstacles : on a le plaisir de les vaincre. Le plus grand ou plutôt le seul auquel je puisse donner quelqu'attention, naîtra de l'opposition d'un certain oncle tout récemment arrivé du fond des Indes-Orientales, et auquel il se pourrait que je n'eusse pas le bonheur de plaire. Cette espèce de demi-sauvage n'a pas appris à vivre au service des princes indiens, et je ne serais pas étonné que nous eussions un jour maille à partir.

Je n'ai pas besoin de te dire, mon cher duc, que cette lettre est tout-à-fait confidentielle; tu peux cependant en trahir le secret auprès de l'adorable Julie, si tu crois que cela puisse avancer tes affaires.

... J'ai besoin qu'on me succède,
Et j'aime en toi mon héritier.

LETTRE XXII.

PAULINE A CÉCILE.

Juin 1786.

D'ou peut naître, ma Cécile, la profonde douleur dans laquelle tu m'as paru plongée et que respire la dernière lettre que j'ai reçue de toi ?.... Plus j'y réfléchis, plus je m'y perds ! Pendant la journée que nous avons passée ensemble, j'ai remarqué avec douleur le changement prodigieux qui s'est fait en toi.... De fréquens soupirs trahissaient le trouble de ton cœur, tes yeux plus d'une fois se sont remplis de larmes.... Bonne amie, tu as quelques peines secrètes que tu caches à Pauline!.... quelques chagrins profonds!.... Je sens bien que ce vilain comte de Montford y doit entrer pour quelque chose; mais après tout, son sot amour ne peut t'inquiéter au point d'influer aussi visiblement sur ton bonheur et sur ta santé; car enfin le pis-aller sera de déclarer à ton père, lorsqu'il en sera temps, que tu n'en veux point. On ne marie pas les gens de force peut-être. Tu sais combien j'aime et je respecte mon père; il m'en coûterait sans doute pour résister à ses volontés; mais s'il avait l'injustice de me contraindre à faire un choix qui répugnât à mon cœur, je lui signifierais très-respectueusement un refus positif; et si l'on me traînait à l'autel, j'y recueillerais toutes mes forces pour prononcer un *non* si clair, si distinct, qu'il faudrait que le ciel et les hommes fussent archi-sourds pour ne pas l'entendre. L'état où tu es me paraît d'autant moins naturel, que je n'ai rien vu autour de toi qui ne dût assurer ton bonheur. Jamais fille au monde n'a reçu les embrassemens d'une plus tendre mère ; ton grand-père te regarde, à peu de chose près, comme une divinité; ton frère a pour toi la tendresse la plus vive; ta beauté reçoit les hommages les plus flatteurs, et tu ne peux faire un pas dans le lieu qui t'a vu naître, sans recevoir le tribut de bénédiction et d'amour, que tes vertus et celles de ta mère imposent journellement à l'infortune reconnaissante; tu as une amie qui aimerait bien mieux te prouver que te dire à quel point tu lui es chère; enfin pour mettre la dernière main à ta félicité, le ciel fit exprès pour toi un oncle comme on n'en voit pas, et tu n'es pas heureuse!.... Que te faut-il donc, Cécile?.... Tiens, mon enfant, je crois que j'ai deviné : ne serais-tu pas dans le cas de la jeune fille dont parle notre Rousseau dans Émile, de cette Sophie qui ne trouvant pas à exercer son imagination ardente et son excessive sensibilité sur des objets dignes d'elle, s'avisa de se prendre d'une belle passion pour Télémaque, et mourut du regret de ne pouvoir donner un corps à sa chimère? Défie-toi de ton cœur, mon amie, et crois que la raison n'est pas toujours la meilleure arme à lui opposer; un grain de folie a quelquefois son mérite. Tu vas dire que je trouve mon compte à faire son éloge; mais ta sagesse m'a si souvent été utile, que je voudrais bien à mon tour que mon étourderie te fût bonne à quelque chose.

Savez-vous, Mademoiselle l'observatrice, que je me fâcherais de vos remarques si je ne craignais pas que vous en tirassiez la conclusion qu'elles sont justes. Pauvre Albert! soutenir qu'il n'a dansé qu'avec moi, tandis qu'il est de fait que j'ai deux fois dansé avec un autre! m'accuser ironiquement de distraction, parce que je n'ai pas daigné ramasser un bouquet fané, et que celui qui avait pris ce soin a oublié de me le rendre! Comme la méchanceté tire parti de tout! Un pauvre jeune homme chante des couplets d'un opéra nouveau.... et vite à l'application!... Ah! pourquoi cet Anatole s'avise-t-il d'être un oncle! Mais puisqu'il est le tien et que tu supposes que je t'envie le titre de nièce, nous pouvons sans risque parler de lui. Il faut avouer que c'est une bien aimable créature, et qu'un cœur libre doit avoir bien de la peine à échapper à un homme aussi séduisant. Je me suis beaucoup amusée à voir l'impression plus ou moins prompte qu'il a faite sur toutes nos dames; mais ce qui m'a bien surprise (grâce à sa réputation d'homme à bonne fortune), c'est l'indifférence avec laquelle il a reçu toutes leurs petites agaceries. Hommes, femmes, tout le monde en raffole; mon père me faisait rire par son empressement à faire faire silence, quand Anatole ouvrait la bouche, et par l'expression de joie qui brillait sur sa figure à chaque trait spirituel qui échappait à son jeune ami. Quant au pauvre Montford, je le tiens pour perdu même dans l'esprit de madame de Siran.

Je me crois en conscience obligée de te restituer les éloges que tu me fais partager avec ton oncle; quand il s'agit de toi, je n'ai plus d'amour-propre; par exemple, je sais parfaitement, lorsque nous dansons ensemble, qu'on n'a des yeux que pour toi, et pourtant je n'ai jamais plus de plaisir que lorsque nous dansons ensemble; sais-tu pourquoi? c'est que je prends ma part de tous les complimens qu'on t'adresse, au point que je n'oublie jamais de rougir chaque fois qu'on te dit que tu es belle.

Cruelle amie! quelle image oses-tu me présenter! tu parles de mourir; pour éloigner cette pensée horrible et déraisonnable, songe seulement à ceux dont la vie est liée à la tienne; ah! Pauline ne te survivrait pas.... Mais c'est bien là le temps de penser à une éternelle séparation, quand il faut s'occuper de notre réunion prochaine : c'est dans quinze jours que je sors du couvent;

dans quinze jours je n'aurai plus devant les yeux ces tristes grilles, ces hautes murailles, ces figures embéguinées qui me semblent autant de spectres attachés à mes pas. Au lieu de cela, je verrai à chaque instant du jour ma chère Cécile.... et *mon petit Blaise tout à mon aise*. Il m'en coûtera cependant pour dire adieu à cette pauvre Adine; quand je n'y serai plus, elle n'aura personne dans le sein de qui elle puisse pleurer! Je regrette aussi madame l'abbesse, c'est une si bonne personne! Quand elle veut citer un exemple de sagesse aux pensionnaires, c'est toujours mademoiselle Cécile qu'elle propose; mais elle aurait pu se dispenser de faire passer en proverbe dans le couvent: étourdie comme mademoiselle Pauline.

LETTRE XXIII.

MADAME DE CLÉNORD A MADAME DE NEUVILLE.

Juin 1786.

Mes craintes redoublent; si ma fille allait succomber à cette maladie de langueur dont elle est atteinte depuis quelques mois! J'ai consulté tous les médecins de la province; ils ne connaissent rien à son état. Ma sœur, mon amie, conçois-tu mes chagrins? Si j'allais la perdre! perdre Cécile! il faudrait bien que sa mère la suivît au tombeau. La religion, la religion même, dans laquelle je trouve des secours contre tous les événemens de la vie, ne m'en offre plus dans cette horrible supposition. Ne crois pas, mon amie, que la frayeur m'exagère la situation de ma fille, elle devient de jour en jour plus alarmante; les roses de son teint ont entièrement disparu; si elles eussent été remplacées par cette pâleur qui caractérise une maladie assez commune parmi les jeunes personnes de cet âge, je serais moins inquiète; mais à quoi attribuer au sein du bonheur, ce dépérissement sensible, ce découragement de la vie, ce dégoût pour toute espèce d'aliment, porté au point qu'il faille avoir recours aux prières pour la déterminer à prendre quelque nourriture? Eh bien! malgré tous ces symptômes, avant-coureurs certains de quelque grande maladie, elle assure qu'elle ne souffre pas: tous mes efforts pour découvrir si quelques chagrins secrets, si quelque cause morale avait part à ce désordre physique, ont été inutiles; je l'ai sollicitée de m'ouvrir son cœur, de confier à sa tendre mère le sujet des pleurs qui coulent habituellement de ses yeux; j'ai mêlé mes larmes aux siennes; je l'ai rassurée sur les vues que paraît avoir son père pour son établissement; je lui ai promis que je m'opposerais de tout mon pouvoir à tout projet de mariage qui n'aurait pas l'aveu de son cœur. Pour toute réponse, elle a caché sa tête dans mon sein, et j'ai senti frémir tout son corps. Mon Dieu! qu'est-ce que cela signifie!.... J'ai essayé les moyens de dissipation que j'ai cru propres à la distraire; elle aimait la danse avec passion; dans une fête que M. d'Amercour a donnée dernièrement pour célébrer le retour de mon frère, elle n'a dansé que deux contredanses, et j'ai bien vu qu'elle dansait pour mon plaisir beaucoup plus que pour le sien.

Dimanche dernier, quelques dames s'étaient réunies à Beauvoir; avec le secours d'Anatole, nous voulûmes improviser un petit bal. Un domestique de M. d'Amercour et le ménétrier du village nous eurent bientôt composé un orchestre. Cécile, attentive à nos moindres démarches, démêla facilement mon intention, et parut se livrer un moment au plaisir que je cherchais à lui procurer. J'avais mis mon frère dans ma confidence; il avait même promis de prêcher d'exemple : l'oncle et la nièce dansèrent ensemble; insensiblement la gaieté d'Anatole gagna Cécile; les roses de la santé reparurent un moment sur ses joues; on faisait cercle autour d'eux. Tu peux te faire une idée de mon bonheur. Le vieux chevalier de

Saint-Julien s'écria dans ce délire poétique auquel il est sujet : « D'honneur! je crois voir Adonis dansant avec Hébé! — Pourquoi pas Mars avec Vénus? » dit assez bêtement le comte de Montford qui, debout auprès d'un arbre, regardait la danse avec une indifférence affectée. Je riais de la querelle mythologique qui commençait à s'élever à ce sujet entre le comte et le chevalier, et j'avais un moment perdu de vue nos danseurs, lorsqu'un cri général vint me glacer d'effroi. Je m'avança précipitamment vers le cercle, et je vis Anatole, dont le pied avait glissé sur le gazon, étendu presque sans mouvement. Tout occupée de lui procurer des secours, je ne m'étais pas aperçue que Cécile, au moment de la chute de son oncle, avait perdu connaissance. Figure-toi ma situation entre ma fille évanouie, et mon frère dont je croyais la jambe cassée : cet événement n'eut cependant d'autre suite que de dissiper trop promptement l'illusion agréable qui m'avait séduite, en voyant ma fille prendre quelque part à ce petit divertissement. Le bal fut interrompu ; Cécile revint à elle, et Anatole en fut quitte pour une foulure qui fut dissipée en deux jours. J'ai payé bien cher un moment d'espoir.... Depuis lors chaque jour ajoute à mes craintes sur l'état de ma fille ; ses forces l'abandonnent entièrement, et je la vois s'éteindre de langueur à l'âge où la nature n'a pour l'ordinaire à lutter que contre sa propre énergie.

Si tu savais avec quelle tendresse mon frère partage mon affliction et mes soins : la promenade est un exercice que les médecins ont particulièrement recommandé; aussi manquons-nous rarement, ma fille, mon père, Anatole et moi, de sortir après dîner, et nous mesurons la longueur de notre course sur les forces de la chère malade.

Une scène à laquelle une de nos promenades a donné lieu, m'a procuré le plaisir le plus vif que j'aie peut-être éprouvé de ma vie : c'est te dire assez que ma fille en était l'objet. La semaine dernière, la voyant un peu mieux portante, je proposai de pousser notre promenade en voiture jusqu'à la ferme des *Bruyères*. « Nous n'avons pas vu ta nourrice, dis-je à Cécile, depuis le malheur qui lui est arrivé. » (Je ne sais si je t'ai dit que la maison de cette pauvre femme avait été brûlée il y a deux mois.) Ma fille s'excusait sur la longueur du trajet, et ce ne fut qu'à force de sollicitations que nous la décidâmes à entreprendre ce petit voyage. En approchant de la demeure de la nourrice, juge de ma surprise en voyant une jolie maisonnette toute neuve au lieu des décombres que je croyais trouver. Cécile nous devança, et revint un moment après au devant de nous avec la nourrice et toute sa famille. « Eh bien! ma bonne femme, lui dis-je, je vois avec bien de la satisfaction que vous avez trouvé les moyens de réparer les désastres de l'incendie. — C'est un si bon homme, un si bon parent que le curé! interrompit Cécile; il a des secours prêts pour toutes les infortunes. » La bonne femme regardait Cécile en pleurant, et semblait vouloir parler; sa contrainte ne m'échappait pas, mais j'en étais moins occupée que du plaisir de voir ma fille distribuant ses largesses à la petite famille rassemblée autour d'elle, tandis que Charlot, son frère de lait, fier de porter sa pelisse qu'elle lui avait confiée, faisait à sa mère des signes auxquels je ne concevais rien.

Nous visitâmes toute la maison; Anatole, qui probablement avait déjà deviné le secret, s'entretenait tout bas avec mon père, qui répèta plusieurs fois en essuyant ses yeux : « Mais c'est un ange que cet enfant-là ! » Je ne doutais plus qu'ils ne parlassent de Cécile; le curé entra : « M. le curé, vous venez à propos, lui dit mon père, pour recevoir le témoignage de notre admiration. — De quoi s'agit-il? demanda ce bon prêtre avec l'air de la surprise. — Le lieu où nous sommes, et l'intérêt que je prends à cette honnête famille, ajoutai-je, doivent vous le faire deviner. » En parlant, je jetai les yeux sur Cécile, qui cherchait à faire entendre par geste au curé ce qu'il devait répondre : « Allons, pasteur, dit en souriant Anatole, avouez que c'est vous qui êtes venu au secours de la nourrice, et qui avez fait réparer sa maison. — Ah! je vous entends à présent; Mademoiselle, reprit le curé en s'adressant à Cécile, vous ne vous contentez pas de faire le bien, vous voulez encore le rejeter sur autrui; non pas, s'il vous plaît, *suum cuique;* je ne me charge pas des honneurs d'une bonne action dont je n'ai pas eu le plaisir. Vous saurez donc, Madame et Messieurs, que mademoiselle de Clénord, ici présente, est l'auteur de tout ceci; que c'est elle qui, le surlendemain du jour où l'incendie consuma la maison de ma pauvre parente, envoya sur les lieux Pichard, le maître maçon, avec des ordres et des instructions pour construire la jolie maisonnette où nous sommes. Pour moi, je n'ai d'autre part à cette bonne œuvre (si fort au-dessus de mes facultés), que d'avoir fourni l'idée du petit monument que ma cousine a voulu élever à la reconnaissance. » En disant cela, le curé nous conduisit dans une espèce de petite cellule à l'une des extrémités du bâtiment, où l'on avait placé une petite statue représentant sainte Cécile, devant laquelle brûlait une bougie de cire jaune, avec cette inscription : *A sainte Cécile, patrone de Cécile bienfaisante.* Ah! ma chère, avec quelle ivresse je serrai ma fille contre mon cœur! avec quel orgueil je recueillis ses larmes dans mon sein! Tout le monde sanglottait, jusqu'aux petits enfans; mais le bon Anatole paraissait absorbé dans la contemplation de cette scène touchante.

Nous sortîmes de la petite chapelle, pleins de la plus douce émotion, Cécile témoignant au digne pasteur et à sa nourrice qui l'accablait de caresses, combien leur reconnaissance était au-dessus d'un bienfait si naturel envers une seconde mère.

En retournant à Beauvoir, Cécile s'excusa de ne m'avoir pas fait partager cette bonne œuvre dans la crainte d'épuiser sur une seule personne des secours que je distribuais à plusieurs familles : elle avait employé à cet usage les économies qu'elle avait en réserve pour sa toilette. Si tu trouves, ma bonne, que je me suis beaucoup trop étendue sur ce petit événement, n'oublie pas que c'est de ma fille que je parle, de ma fille pour qui tu connais mon idolâtrie, et dont la santé me cause de si vives inquiétudes.

Tes affaires te retiendront-elles encore long-temps à Paris ? Ta présence serait d'un grand soulagement pour moi. Anatole, ma fille et mon père t'embrassent : mon mari ne reviendra pas avant la fin de septembre.

P. S. Mon père veut absolument partir dans les premiers jours de la semaine prochaine.

LETTRE XXIV.

CHARLES A ANATOLE.

Juin 1786.

Dans ma dernière lettre, j'étais si occupé de ta situation et du danger qui te menace, que je n'ai pu te parler d'autre chose; aujourd'hui que je suis plus tranquille, sans en avoir d'autre sujet que l'espoir de te trouver docile aux conseils de l'amitié, je vais me distraire en te parlant de la vie que je mène loin de toi.

Mes affaires ont pris la tournure la plus favorable, grâce aux soins de mon frère qui m'a mis en main le fil avec lequel je me suis tiré du dédale de la chicane : avant la fin de ce mois, je serai entièrement hors des filets du greffe. Un premier aperçu de mes affaires me met en possession de 75,000 l. de rente au moins, sans parler de mes biens de l'Ile-de-France. Tu vois, mon ami, que ma générosité envers mes cousins n'a rien de bien héroïque, et que c'est acheter à bien bon marché les témoignages de gratitude dont ils me comblent. Nous nous voyons assez régulièrement, tantôt chez eux, tantôt chez Victor; les deux frères vivent ensemble dans la plus tendre intimité; la succession de leur oncle les met, sinon dans l'opulence, du moins dans cette aisance de la médiocrité où se réfugie plus ordinairement le bonheur. Une assez jolie maison que j'ai à Rennes et dont j'ai voulu qu'ils fussent locataires, contribue à rendre leur situation très-tolérable. Hippolyte, celui des deux frères qui n'est pas marié, est un garçon très-aimable, auquel il ne manque que de la culture pour faire un homme de mérite; il est naturellement bon, généreux et sincère; l'autre inférieur, je crois, par les qualités du cœur, est infiniment plus instruit. Depuis quelques semaines, je ne vais plus que très-rarement chez eux, et je te dois l'aveu du motif qui m'a déterminé à rendre mes visites moins fréquentes. La première fois que j'ai rencontré mes cousins chez Victor, je vis aussi l'épouse du cadet; je la trouvai aimable et jolie; depuis, je me suis interrogé de nouveau sur son compte, et j'ai été surpris de la trouver *adorable et belle.* Comme ce n'est pas du tout la marche du cœur humain, et qu'à la première vue on s'exagère ordinairement les qualités des objets, je me suis demandé s'il n'existait pas une passion à qui cette façon de voir fût particulière; la réflexion a nommé l'amour, et j'ai pris l'alarme. S'il faut tout dire, et fatuité à part, j'avais déjà cru remarquer que ma petite cousine poussait un peu loin la reconnaissance. Je n'ai pas eu besoin, pour me déterminer, d'invoquer les principes d'une morale peut-être un peu sévère dans l'état de nos mœurs; je me suis dit : J'ai rendu quelques services au mari de cette femme; dois-je les lui faire payer de son bonheur (je ne me sers pas du mot honneur qui, dans ce cas, ne signifie rien, ou qui signifie celui que je lui substitue)? dois-je faire d'une action honnête un instrument criminel? La brusque réponse de ma conscience ne m'a pas laissé le temps de consulter mon cœur, et j'ai pris le parti d'éloigner d'abord et de supprimer ensuite mes visites dans cette maison.

Les vertus, les grandes qualités que je découvre journellement dans mon frère, me le rendent de jour en jour plus cher; il n'est pas jusqu'à ses défauts qui ne m'attachent à lui : le misantrope qui ne hait les hommes que pour s'éviter la peine de les servir, de les instruire, de les consoler, mérite sans doute de recueillir le mépris pour prix d'une haine dont la source est dans son égoïsme ; mais le misantrope dont l'aversion pour les hommes naît au contraire de son amour pour l'humanité ; qui passe sa vie à défendre le faible, à démasquer le traître, à combattre le puissant injuste, à secourir le pauvre, à venger l'innocent; cet homme, dont Victor est le modèle, aura beau me dire qu'il a les hommes en horreur, il ne méritera pas moins d'en être l'idole. Je veux te faire connaître avec quelle chaleur il soutient la cause de l'humanité, même contre la tyrannie des lois, en te communiquant son opinion sur une sentence que l'on vient de rendre ici.

Un jour de la semaine dernière, il avait à souper plusieurs de ses collègues, conseillers ou présidens au parlement. Pendant le repas, on parla du procès d'une malheureuse fille condamnée à mort pour avoir fait périr l'enfant qu'elle venait de mettre au monde. La plupart de ces messieurs semblaient reprocher à Victor la chaleur avec laquelle il avait défendu cette femme criminelle, pendant l'instruction de son procès. Voici presque mot à mot sa réponse : « A Dieu ne plaise que je veuille chercher à pallier le crime du monstre qui porte une main parricide sur l'être qui lui doit le jour; mais s'il est permis d'arrêter un moment ses yeux sur l'épouvantable tableau de la société, doit-on passer sous silence l'inconséquence et la barbarie de nos lois? Chez toutes les nations de l'Europe, quelle est la punition d'une femme qui attente aux jours de son enfant? la mort! Chez ces mêmes nations quel est le sort d'une fille qui, cédant au plus irrésistible des penchans, s'expose à devenir mère? l'infamie chez toutes; des punitions corporelles chez quelques-unes. Qui n'aperçoit au premier coup-d'œil que cette loi qui punit de mort la mère coupable, est elle-même un des agens du crime qu'elle poursuit, puisque c'est au désir d'échapper à l'infamie dont elle note la faiblesse, qu'il faut presque toujours attribuer cet attentat contre nature. Mais le crime est commis, c'est le plus horrible de ceux qui affligent la société; donc il doit être puni de la peine capitale. Vous savez tous, Messieurs, quelle est mon opinion sur la peine de mort en général, je crois que s'il est une vérité démontrée, incontestable, que n'ont jamais pu obscurcir à mes yeux tous les sophismes entassés contre elle, c'est que le droit de mort n'appartient qu'à la nature, et que la société qui se l'arroge, se rend coupable du crime qu'elle croit venger; mais laissons les principes généraux. Tuer son enfant, est de tous les crimes le plus horrible aux yeux de la nature qui fit de l'amour maternel le premier lien entre tous les êtres; mais sur quels principes la société le jugerait-elle aussi sévèrement? Cette société ne reconnaît pas les enfans nés hors du mariage, et puisque l'être moral, à qui l'on donne ce nom de société, doit être considéré comme une mère commune; la mère commune donne à la mère individuelle la première idée de son forfait. Comment ensuite peut-elle sans démence punir de mort le meurtre d'un enfant qu'elle avait d'abord condamné à ne pas être, et qu'à sa naissance elle a rejeté de son sein? S'il existait un tribunal qui jugeât les sociétés et les individus, l'enfant mort y pourrait citer pour le même crime le juge et le coupable. Voyons maintenant sous quel jour l'un et l'autre pourraient chercher devant ce tribunal à faire excuser leur forfait. J'ai rendu au néant, dirait la femme parricide, un être qui n'en devait pas sortir et qui n'avait pas encore le sentiment de son existence.

J'ai repris la vie à un enfant à qui je l'avais donnée; j'ai enlevé, j'ai ravi à la société un individu proscrit par elle, dont l'existence incertaine était à charge à celle dont il la tient et devait l'être un jour à lui-même. Que dirait la société? Pour réparation de la mort d'un enfant, j'ai tué une femme, c'est-à-dire que, pour venger le trépas d'un individu entrant à peine dans la vie, j'ai cru devoir immoler une génération. J'ai puni le crime qui rompt sans douleur le fil imperceptible d'un enfant nouveau-né, par le crime qui brise tous les liens qui enchaînent sa mère au monde; j'ai lavé dans son sang et dans les larmes d'une famille entière une goutte de ce même sang que j'appelle impur... (Ici un de ces messieurs interrompit l'orateur, et lui observa qu'il perdait de vue l'intention de la loi qui n'avait d'autre but que d'épouvanter le crime par des exemples.) Hommes humains et prévoyans, reprit Victor avec un sourire amer, craignez-vous que le parricide ne devienne à la mode, que les mères ne se fassent une douce habitude de plonger un poignard dans le cœur de leurs enfans? Écoutez les derniers mots de la malheureuse que vous avez dernièrement condamnée; son confesseur l'invitait à prendre courage : *Il en faut mille fois moins*, lui répondit-elle, *pour marcher au supplice que pour étouffer son enfant.*

» Effectivement, comment espère-t-on retenir par l'idée de la mort celle qui a pu envisager un moment son crime de sang-froid? Quel supplice opposer à qui se livre volontairement au plus horrible de tous? — Mais enfin, mon frère, lui dis-je, vous ne voulez pas qu'on laisse impunis de pareils forfaits.—M'en préserve le ciel! continua-t-il, mais je veux que les lois commencent par ôter au crime son affreux prétexte; je veux qu'elles en mesurent la punition sur les droits de la société dont la vie des hommes est la limite; sur la nature du délit et principalement sur ses conséquences. » Comme je connais ton opinion sur ces matières et qu'elle se rapproche beaucoup de celle de Victor, je suis bien sûr que tu me sauras gré de ma longue digression.

J'ai besoin de ta réponse pour prendre un parti; si, comme je l'espère, tu te rends à mes raisons et que tu viennes me joindre, j'ai mon plan de campagne dans la tête; nous ferons un voyage d'un an dans l'Europe: Victor sera de la partie. Nous avons tous trois besoin de ce régime; toi pour ton cœur, mon frère pour sa bile et moi pour ma tête que les procès ont fatiguée: nous commencerons par l'Italie, que tu m'as tant de fois témoigné le désir de voir; nous visiterons ce pays autrefois si célèbre où maintenant

> Des prêtres fortunés foulent d'un pied tranquille
> Le tombeau des Catons et la cendre d'Émile.

Et nous tâcherons de ne pas rire en voyant des capucins au Capitole. Nous entrerons en Italie par la Suisse; mais je t'avertis que nous n'irons pas dans le Valais et que nous éviterons bien soigneusement Clarens et les rochers de Meillerie. Pour le reste de notre voyage, nous ne suivrons d'autre guide que notre fantaisie.

Trois semaines au plus termineront toutes mes affaires; ainsi quelque parti que tu prennes à cette époque, nous serons réunis. Adieu; si tu peux faire entendre à madame de Neuville qu'un créole est à peu près un homme comme un autre, n'oublie pas de me mettre à ses pieds. J'ai la plus grande envie de la connaître; cependant je fais des vœux pour que tu ne me procures pas ce plaisir avant un an.

LETTRE XXV.

ANATOLE A CHARLES.

Beauvoir, juillet 1786.

Tu le veux, je partirai; je me séparerai d'elle; dans trois jours je serai en route pour me rendre auprès de toi; j'abandonnerai ma sœur aux terreurs que lui cause l'état où sa fille est réduite.... Charles.... elle est au lit depuis trois jours; on ignore la cause de son mal.... Cruel ami, tu as trouvé l'art de bouleverser toutes mes idées; tout m'alarme, tout m'effraie.... Je n'entends plus sans trembler le son de cette voix touchante; je n'ose plus jeter un regard sur cette figure angélique qui, loin de troubler mon ame, y ramenait insensiblement le calme et l'innocence.... Je crains d'entendre, de voir, d'approcher ma nièce.... Voilà ton ouvrage! c'est toi qui détruis le repos dont je commençais à jouir; c'est toi qui jettes dans mon ame un sentiment de frayeur inconnu, qui l'assiéges de tes propres visions. N'importe, je veux fuir comme si j'avais quelque chose à craindre. Mais comment motiver ce départ dans la circonstance actuelle? Comment l'excuser auprès de ma sœur? Comment la quitter au moment où les consolations de l'amitié deviennent pour elle d'un si grand prix? que pensera Cécile.... Cécile dangereusement malade, dont mes tendres soins pourraient contribuer à rétablir la santé? Mais que t'importe que je passe à tous les yeux pour un monstre? tu consens que je fasse horreur pourvu que je n'inspire pas d'amour!... Tu seras obéi; ta dernière lettre que je reçois me servira de prétexte; je vais annoncer qu'un malheur imprévu dont j'imaginerai la fable, rend ma présence auprès de toi indispensable. Si l'horrible violence que je me fais pour m'éloigner de ces lieux, est une nouvelle preuve de la réalité de tes craintes, il ne doit plus te rester aucun doute, tu peux tout supposer.

Adieu; nous nous verrons bientôt; pour la première fois de ma vie cette idée est pénible à mon cœur.

Je rouvre ma lettre; elle est plus mal!...

LETTRE XXVI.

MADAME DE CLÉNORD A MADAME DE NEUVILLE.

Beauvoir, juillet 1786.

L'ESPOIR que ta lettre [1] voudrait m'inspirer, ma tendre amie, s'éloigne chaque jour de mon cœur; la maladie de ma fille fait des progrès rapides; elle est obligée de garder le lit; la fièvre lente, qui la consumait depuis quelque temps, a fait place à des accès d'une violence dont je n'avais pas l'idée; dans

[1] On voit ici et l'on a déjà pu voir qu'il manque plusieurs lettres, que nous avons cru devoir retrancher comme inutiles à la marche et à l'intérêt de l'action.

la nuit dernière, le redoublement a été accompagné d'un transport si long, si terrible, que j'ai craint un moment qu'elle ne pût résister à des secousses de cette nature. Oh! ma sœur, ma tendre sœur, de quel épouvantable coup je suis menacée! Quatre nuits se sont écoulées sans que le sommeil ait approché de mes yeux; je n'ai pas quitté le chevet de cette enfant si chère, qui semble oublier ses maux pour ne sentir que les miens. Si tu l'avais entendue dans le délire où la fièvre l'a plongée! les mains jointes, invoquant le ciel pour sa mère, lui demandant de prolonger mes jours de toute la durée des siens; distraite ensuite par des objets funèbres, elle s'écriait : « Pourquoi ce supplice? pourquoi me punir d'un crime involontaire? ai-je allumé moi-même dans mon sein ce feu qui me dévore? n'ai-je pas invoqué ce Dieu qui m'entend pour en obtenir des forces contre moi-même? Assez de larmes ne sont-elles pas tombées de mes yeux? faut-il encore mon sang!... » En vain, ma chère, croirais-tu trouver dans ces propos, fruit d'une imagination en délire, une nouvelle preuve à l'appui de l'opinion où tu parais être, que l'amour a quelque part à la maladie de ma pauvre Cécile; cette passion, j'en ai la certitude, est absolument étrangère à son cœur; j'ai passé en revue tous les objets sur lesquels pouvaient s'arrêter mes soupçons, et je n'ai pu établir sur aucun un doute raisonnable. Anatole est entièrement de mon avis à ce sujet. Ce cher Anatole, quelle tendresse il a pour sa nièce! il la veille jour et nuit; c'est lui-même qui prépare toutes les boissons dont on lui prescrit l'usage; et la malade a tant de confiance en lui, qu'elle refuse de suivre aucune des ordonnances du médecin, à moins que son oncle ne l'ait approuvée. Hier, au milieu de la nuit, la violence de la fièvre me faisant craindre quelque accident, je crus indispensable d'appeler le médecin. Malheureusement il demeure à une grande lieue, de l'autre côté de la rivière; je voulais y envoyer un domestique : Anatole fit seller deux chevaux, et s'y rendit lui-même accompagné d'un laquais dont il fit monter le cheval au docteur, que je vis arriver à mon grand étonnement, tout au plus une heure après le départ de mon frère. Pour comble de malheur, un frère du chevalier Charles d'Epival, cet ami d'Anatole dont je t'ai parlé, lui écrit hier pour lui donner avis que M. Charles, engagé dans une affaire d'honneur, a été très-dangereusement blessé, et que cet infortuné jeune homme, qui ne croit pas survivre à sa blessure, désire ardemment d'embrasser son ami avant de mourir. Cette nouvelle affreuse oblige mon frère à nous quitter, sans qu'il me soit permis de le retenir; mon père, qui est parti depuis trois jours, n'emporte heureusement pas l'idée du danger où il laisse sa chère petite-fille.

Tu veux que je t'avertisse, mon excellente amie, lorsque j'aurai véritablement besoin de toi, et tu me promets d'abandonner tout pour te rendre auprès de ta triste sœur. Quoiqu'il m'en coûte pour t'arracher aux devoirs sacrés que t'impose la mémoire de ton mari, et que tu remplis avec un zèle qui t'honore autant qu'il accuse les avides parens de cet homme respectable, si mon frère nous quitte, comme je le crois, je ne pourrai alors me passer de ton secours ; ainsi je te préviendrai du moment de son départ. Je t'écris auprès du lit de ta pauvre nièce ; elle repose dans ce moment, mais les gouttes d'eau qui tombent de son front annoncent assez qu'elle ne puisera pas de forces dans ce pénible sommeil.

LETTRE XXVII.

ANATOLE A CHARLES.

Beauvoir, juillet 1786.

J'ALLAIS partir; tout était prêt; j'avais annoncé que les suites d'un duel t'exposant à mourir des blessures que tu avais reçues, je ne pouvais me dispenser de voler auprès de toi. En vain M. d'Amercour m'objectait le danger aussi pressant de ma nièce; ma sœur, ma respectable sœur, en craignant de donner un avis intéressé dans une circonstance aussi délicate, m'abandonnait à mon propre cœur. Cependant tes conseils allaient être suivis : je partais; lorsqu'Adèle, la femme de chambre de Cécile, m'a remis, au moment où je faisais mes dernières dispositions, le billet que je joins à ma lettre. Pouvais-je faire une autre réponse? Lis et prononce toi-même; ose me prescrire un devoir : je m'en remets encore à toi. N'exige pas que je te parle de ma situation; elle est affreuse; je n'ai qu'une idée ou plutôt qu'un sentiment bien distinct, celui du danger de Cécile; je ne vois que son lit de douleur, je n'entends que les gémissemens étouffés que les souffrances lui arrachent, je ne respire que l'air qu'exhalent ses lèvres décolorées.... et cependant je la quittais!... Un médecin de Paris arrive à l'instant même.... Adieu, frémis avec moi de l'avenir dont je suis menacé.

BILLET DE CÉCILE A ANATOLE.

« J'apprends que vous vous disposez » à partir; venez donc recevoir mes » derniers adieux; oui, mes derniers » adieux ; je le sens, votre éloignement » va rompre les faibles liens qui me re- » tiennent encore à la vie : vous m'aban- » donnez ! et moi je vais mourir.... »

RÉPONSE.

« Je reste, ma chère Cécile, je reste, » puisque vous croyez que mes se- » cours peuvent vous être utiles. J'avais » pour m'absenter des raisons bien » puissantes; mais en est-il qui ne cè- » dent à la crainte dont vous avez glacé » mon cœur ? Vous parlez de mourir.... » Ah ! Cécile, pour moi la crainte d'un

» pareil malheur est plus terrible que
» la certitude : je serais bien sûr de n'y
» pas survivre. Moi vous abandonner !
» si je l'avais cru possible, je n'en au-
» rais pas mérité le reproche. »

LETTRE XXVIII.

MADAME DE CLÉNORD A MADAME DE NEUVILLE.

Beauvoir, juillet 1786.

Ton médecin est arrivé; son rapport accroît mes inquiétudes sur le sort de la malade; mais du moins il me tranquillise sur le traitement de la maladie qu'il a caractérisée. C'est une fièvre maligne; il ne m'a point caché que les symptômes en étaient fâcheux, mais plein de confiance dans les ressources qu'offrent la jeunesse et l'excellente constitution de la malade, il n'a point craint (pour flatter ma douleur peut-être) de me répondre en quelque sorte

6

de sa vie. Cette idée consolatrice a d'abord ravivé mon ame, et le bon docteur a dû se convaincre par les transports qu'elle a fait naître en moi, que les jours de ma fille ne dépendent pas seuls du succès de ses soins. Un autre motif de consolation à ma douleur, c'est qu'Anatole ne nous quitte pas. Au moment de monter en voiture, il a reçu un exprès de Rennes, qui lui apportait l'heureuse nouvelle que les blessures du chevalier dont l'amitié d'un frère s'exagérait les dangers, sont de nature à faire espérer une prompte guérison. Rassuré sur le sort de son ami, Anatole n'a pas cru devoir quitter sa nièce; Cécile n'a pas même su qu'il dût partir.

Le docteur dit que neuf jours décideront du sort de la malade (ils décideront donc aussi du mien); les deux dernières nuits ont été plus tranquilles; la fièvre a diminué sensiblement, mais un abattement funeste a succédé à cette violente agitation. Huit jours de maladie ont épuisé ses forces au point qu'elle s'est évanouie ce matin pour avoir essayé de quitter un moment son lit. Le médecin, qui n'a presque rien changé au traitement que mon frère avait prescrit, avoue qu'Anatole possède des connaissances très-étendues en médecine, et s'aide volontiers de ses avis.

Si la douleur s'affaiblissait quand elle est partagée, la mienne trouverait dans cette idée un bien grand soulagement; tout ce qui m'environne prend part à mes chagrins; la maladie d'une enfant cause un deuil général, et l'on dirait que tous les habitans de ce lieu ont pour elle le cœur de sa mère. La maison est sans cesse assiégée d'une foule de femmes, d'enfans, qui viennent s'informer avec l'intérêt le plus tendre d'une santé dont chacun semble sentir le prix. Toutes les bonnes femmes du village m'apportent, les larmes aux yeux, des recettes contre un mal qu'elles ne connaissent pas ; je les reçois, j'écoute leurs avis, non pour en faire usage, mais comme des témoignages de leur affection. Croirais-tu qu'hier ces bonnes gens ont fait dire une grand'messe pour le rétablissement de ma fille ; le curé est venu de la part du village m'inviter à la cérémonie : j'ai été joindre mes prières et mes larmes maternelles à l'invocation publique. Ah ! si les vœux des faibles humains parviennent jusqu'au trône de leur maître, si les prières les plus ferventes peuvent influer sur ses décrets éternels, j'ose espérer qu'il recevra dans sa bonté l'hommage digne de lui que nos cœurs lui ont offert.

Depuis que Cécile est au lit, sa bonne nourrice ne l'a pas quittée un moment, nous couchons toutes deux dans sa chambre.

M. d'Amercour, cédant aux sollicitations de sa fille, a eu l'extrême bonté de la faire venir à Montfleury, afin qu'elle soit à portée de voir souvent son amie. Cette aimable enfant passe ici la plus grande partie du temps, et prodigue à sa jeune compagne les témoignages d'un attachement bien au-dessus des liaisons ordinaires de son âge.

J'ai reçu hier des nouvelles de mon mari ; il paraît décidé à se rendre à Madrid, pour y terminer par lui-même un arrangement avec les cohéritiers de son père qu'il ne croit pas de très-bonne foi. Il ne sait encore rien de la maladie de sa fille, et parle toujours de l'unir à son retour avec le comte de Montford. Il paraît qu'ils sont en correspondance, et si j'en crois quelques expressions de la lettre de mon mari, j'ai lieu de soupçonner que le comte s'est expliqué sur mon frère avec un peu de légèreté; si Anatole venait à l'apprendre!.... tu connais la violence de son caractère. Chaque jour M. de Montford envoie savoir des nouvelles de Cécile; il s'est présenté lui-même; mais comme je ne reçois personne depuis la maladie de ma fille, je n'ai pas cru devoir faire une exception en faveur d'un homme qu'elle ne peut souffrir.

Onze heures. Anatole, qui entre dans ma chambre, me charge de te témoigner l'impatience qu'il a de t'embrasser : il assure que la saignée a produit du mieux dans l'état de la chère malade. Bonsoir, ma tendre amie; je te ferai passer chaque jour le bulletin de la santé de ta nièce; elle m'appelle; c'est pour me dire de t'assurer de son tendre attachement, mais de ne pas t'embrasser pour elle, de peur de te donner la fièvre.

LETTRE XXIX.

CHARLES A ANATOLE.

Rennes, juillet 1786.

La voilà donc réalisée, ma funeste prédiction! J'en suis plus affligé que surpris; il est une destinée à laquelle les hommes n'échappent pas, et dès longtemps j'avais prévu la tienne. Les reproches ne seraient point de saison; je dirai plus, ils seraient injustes; on n'est point à blâmer de n'avoir pas évité un coup inévitable; je pourrais tout au plus t'accuser de présomption; mais ta déférence aux conseils de ton ami en tirerait un nouvel avantage. Laissons donc le passé, nous avons assez du présent! Que dois-tu faire? l'amour et la raison répondent à la fois : demeure; il ne s'agit plus d'aimer, il s'agit de vivre. J'avais reculé trop loin l'époque où ces deux mots, en parlant de vous, n'auraient plus qu'une même signification. Sauver Cécile, voilà ton premier devoir; n'importe à quel prix; s'il faut choisir, j'aime encore mieux avoir à te reprocher sa vie que sa mort. Les premières atteintes de l'amour se guérissent par l'absence; mais il est un moment où l'amour est le seul remède à l'amour. Ta malheureuse nièce, je tremble à te le dire, touche à cette crise fatale.

Anatole, ce n'est pas le moment de déguiser la vérité; Cécile est morte si tu ne ranimes l'espoir éteint dans son cœur; si tu ne parviens à lui faire croire qu'elle peut vivre pour toi, et que tu vis pour elle. Il en coûte bien plus à mon amitié d'avoir à te donner de pareils conseils, qu'il ne t'en coûtera de les suivre; mais il est un terme où la nature doit l'emporter sur le devoir. Si le danger augmente, mon avis est donc que tu surprennes à cette chère malade le secret qui la tue; que tu lui fasses l'aveu d'un amour partagé, et que tu lui présentes la perspective d'un bonheur dont la seule idée peut la rendre à la vie. A présent que mon rôle est changé, et que je ne puis plus espérer de te prémunir contre l'amour, je dois t'armer contre le désespoir..... Du courage, mon ami, tu sais que mes pressentimens me trompent rarement; ta Cécile sera rendue à la santé; que ne puis-je ajouter : et soustraite à l'amour! Je raisonne dans cette heureuse supposition, et je me réserve pour le moment où nous n'aurons plus rien à craindre pour ses jours, à te parler des moyens de diriger l'orage que nous n'avons pu conjurer. Je te dispense de répondre à cette lettre, parce que je serai probablement auprès de toi avant que la tienne puisse me parvenir : je ne puis résister plus long-temps au besoin de te voir. La lenteur des courriers sert trop mal mon impatience, et il est des chagrins que l'amitié doit partager en personne; de loin on y prend trop ou trop peu de part. Ce n'est qu'une visite que je me propose de te rendre; je serai forcé de revenir passer ici quelques semaines. Adieu. Victor est à son ermitage.

LETTRE XXX.

CÉCILE A ANATOLE.

Une heure du matin.

Si je conservais l'espoir de vivre, si je pouvais un moment détourner les yeux de la tombe où je vais descendre, je ne romprais pas un silence coupable, je n'associerais personne à mes remords; mais, je le sens, j'achève ma pénible vie. J'ai sur cette vérité le double témoignage de la nature et du médecin. Ce dernier il y a quelques heures, me croyant profondément assoupie, n'a pas caché à ma nourrice qu'il craignait que je ne passasse pas une troisième nuit. Si je dois mourir demain, je vivrai du moins aujourd'hui, et la mort ne m'enlèvera qu'un jour d'existence. Mon fatal secret m'échappe.... Mais dans quel sein vais-je le déposer? Dans quel cœur puis-je épancher le mien? Dans celui de ma tendre mère? Puisqu'il faut me séparer d'elle, puisque bientôt il ne lui restera que le souvenir de sa fille, n'empoisonnons point ce triste présent, emportons avec moi son estime... Malheureuse Cécile! quand la honte te retient muette auprès de ta mère, qui recevra l'aveu de ta faute?... Le seul être qui pouvait m'en rendre coupable..... Je ne puis continuer, mes doigts tremblans laissent échapper ma plume... Anatole!... Il est écrit ce nom funeste; ma main l'a tracé, ou plutôt il est tombé de mon cœur. O vous que ma mère appelle du nom de frère, vous pour qui si jeune encore je descends au tombeau, prenez pitié de votre victime, entendez ses tristes gémissemens. Hélas! sur un lit de mort est-il encore des aveux criminels?

Arrachons par un dernier effort l'affreuse vérité de mon cœur. Anatole, *je vous aime*. Je sais tout ce que ce mot a de criminel dans ma bouche; mais aussi je meurs; heureuse d'acheter à ce prix le droit d'avouer un amour qui peut encore sortir triomphant de ma tombe! Condamnée au tribunal des hommes, je vais me présenter sans crainte à celui de mon Dieu; il verra dans mon cœur les traces d'un feu qui le dévorait avant que ma raison en soupçonnât l'existence; il ne jugera pas dans sa colère un penchant irrésistible, né dans la sécurité de l'innocence, et dont la source remonte au sein même de la nature. Mes efforts, mes combats, mes douleurs et ma mort trouveront grâce pour ma faute devant le Juge suprême; mais vous, arbitre de ma destinée sur la terre, vous, à qui s'adressent les derniers soupirs de Cécile mourante, quelle sera sa place dans votre cœur? donnerez-vous quelques larmes à sa cendre? conserverez-vous sa mémoire? Oh! oui; j'ai lu dans votre ame : sans partager ma honte elle partage mes maux. Anatole gardera mon souvenir; j'ai reçu vos caresses dans mon berceau, vos soins dans mon enfance, vos leçons dans ma jeunesse, que vos pleurs baignent mon cerceuil.

La vie nous séparait, Anatole, comment puis-je la regretter? La mort met entre nous de moindres obstacles que n'en avait mis la nature; la mort est un bienfait pour moi... Que dis-je? et ma mère que je laisse dans le désespoir et dans les larmes; elle a donc perdu ses droits sur mon cœur!... L'amante criminelle est bientôt fille dénaturée.

Lorsque dans quelques jours ce papier frappera vos regards, Cécile dormira dans l'éternité, le froid de la mort glacera ce cœur où brûlent en ce moment tous les feux de l'amour... Mais non, je le sens, je ne mourrai pas tout entière, j'ai besoin d'éterniser mon existence pour éterniser mon amour.... Mon amour! je frissonne à ce mot; comment cette passion terrible a-t-elle trouvé accès dans mon cœur? comment un penchant coupable est-il né au sein de l'innocence? Hélas! je l'ignore; aucun sentiment douloureux ne m'annonça le mal auquel j'allais bientôt succomber. Je vous vis, et votre présence, loin de porter le trouble dans mon ame, y fit naître je ne sais quelle douce sérénité; je vous vis, et je crus n'avoir jamais vu que vous; le son de votre voix me parut la plus douce mélodie qui eût encore frappé mon oreille; vous parliez, et ma pensée sortait de votre bouche; aucune secousse violente ne m'annonça mon malheur, c'est une pente insensible qui m'a conduit à l'abîme où je suis descendue.

Ma meilleure amie, Pauline, vint me voir; vous ne la connaissiez pas encore, et vous la regardiez avec intérêt. Ce regard détruisit ma sécurité; j'osai descendre au fond de mon cœur, l'interroger sur le trouble nouveau qui l'agitait. Mon malheur me fut révélé; c'est aux traits de la jalousie que je reconnus l'amour..... Ce moment décida de mon sort; je voulus en vain armer ma raison contre un sentiment qui avait déjà pénétré tout mon être, il était trop tard, le coup mortel était porté. Ce secret est le premier, le seul que j'aie eu pour ma mère; en vain sa tendresse a-t-elle mille fois invoqué ma confiance. Le mystère est le premier pas vers le crime; je lui fermai mon cœur, et j'alimentai dans le silence et dans les remords ce feu dont l'action dévorante a consumé ma vie.

Si près de mon berceau je vois s'ouvrir ma tombe! et telle est la rigueur de ma destinée, que cet asile est le seul où je puisse échapper à mes affreux tourmens... Mais je ne quitterai pas cette terre où j'ai si peu vécu sans avoir connu le bonheur, si j'exhale mon dernier soupir sous les yeux de celui pour qui je ne pouvais vivre; si je vois ses yeux attendris s'attacher sur mes yeux expirans; si ma main glacée repose dans sa main tremblante, et si mes lèvres décolorées peuvent, avant de se fermer, porter sur les siennes ces dernières paroles : Cécile meurt en vous aimant.

Le désordre de cet écrit pris et quitté vingt fois, tracé d'une main affaiblie, va vous être remis par Adèle, la bonne Adèle qui sommeille en ce moment auprès de mon lit : ma nourrice et ma mère, épuisées de fatigue, goûtent un instant de repos. Seul vous ne dormez pas, Anatole; depuis qu'un danger imminent menace mes jours, vous n'avez pas fermé les yeux; votre santé souffre des soins que vous donnez à la mienne, l'épuisement de vos forces s'annonce par le prodigieux changement de votre visage. Mon ami, mon unique ami, je vous supplie au nom de ce que vous avez de plus cher, au nom de ma mère qui bientôt, hélas! aura besoin de la main d'un frère pour essuyer ses larmes, au nom d'un père qui voit dans son fils le soutien, le consolateur de sa vieillesse, au nom de votre ami, dirai-je, au nom de Cécile votre nièce, votre filleule, votre amie, ah! que ne puis-je ajouter un titre qui les rassemble tous! conservez des jours sur lesquels tant de cœurs ont des droits, et que je puisse m'endormir avec l'espoir de vous laisser après moi sur la terre.

Adieu, fugitives illusions de la vie; adieu, mon tendre ami.... vous à qui la nature, l'amitié, la reconnaissance et l'amour m'unissent par des chaînes que le trépas ne peut rompre; adieu, le temps m'échappe, la mort approche.... Anatole, il faut vous quitter! il faut renoncer à vous voir, à vous entendre, à vous aimer.... mon courage m'abandonne à cette idée. Ce papier boit mes larmes, et le froid de la mort se répand sur tout mon corps....

Adieu, Anatole... pour jamais, non... non, pour quelques jours.

LETTRE XXXI.

ANATOLE A CÉCILE.

Sept heures du matin.

Comment ai-je pu l'achever, sans mourir à la fois de plaisir et de douleur, cette lettre que mes larmes ont effacée? cette lettre dont chaque ligne inonde mon cœur de délices et le glace d'effroi? En proie à tout ce que le désespoir a d'horrible, à tout ce que l'idée du bonheur suprême a de ravissement, mon ame comprimée entre les situations les plus violentes, ne me laisse qu'une existence convulsive où la raison n'a plus de part. Mon esprit n'est plus frappé que d'une idée, mes yeux ne voient qu'une image! Cécile que l'amour traîne au tombeau!..... Mon sang se glace, mes yeux se troublent, tout mon être s'élance vers la destruction; c'est à ce terme fatal que m'attendait l'espérance, et c'est au sein de la mort que je trouve la vie et l'amour.... A cette idée consolatrice, un moment de calme renaît dans mes sens, un baume salutaire coule dans mes veines, je puis mettre quelque ordre dans mes idées.

Vous invoquez la mort, Cécile, vous l'invoquez contre l'amour; je puis vous pardonner cet horrible vœu : vous dictez mon arrêt en prononçant le vôtre; ce que vous appelez votre crime est le mien, ce que vous nommez votre honte est la mienne; unis par la faute, nous ne serons point séparés par le châtiment. En m'ouvrant votre cœur, vous feignez en vain de n'avoir pas lu dans le mien. Auriez-vous pris le silence d'une passion terrible pour le calme de l'indifférence. Ah! si jusqu'ici le soin de votre bonheur, la crainte de troubler votre repos, cette espèce de défiance avec laquelle on s'abandonne à l'idée d'un bien ardemment désiré, si tous ces liens ont enchaîné sur mes lèvres un aveu tant de fois prêt à m'échapper, le moment est venu de vous ouvrir mon cœur et d'affaiblir l'idée de vos maux par le spectacle des miens. Si le sentiment que je vous ai inspiré est un crime à vos yeux, quel nom donnerez-vous à l'ardeur qui me consume, à ce feu dévorant que votre premier regard alluma dans mon sein, à cette vie d'amour, la seule qui m'anime, la seule dont je veuille? Lorsque dernièrement je fus sur le point de vous quitter, savez-vous quelle puissance me rendait capable de cet effort? croyez-vous au prétexte dont je cherchais à colorer ma fuite? Non, Cécile, je n'allais pas au secours de l'amitié; c'est l'amour que je fuyais, c'est à votre ascendant irrésistible que je cherchais à me soustraire; j'étais loin d'attribuer à sa véritable cause le mal qui vous consumait, et je cherchais dans l'absence ou plutôt dans la mort un remède à l'incurable amour dont je me croyais seul atteint. Je vous aimais sans espoir, je me croyais le plus malheureux des hommes, devais-je penser que je regretterais cette affreuse situation? Quand vous soumettiez à votre empire toutes les facultés de mon ame, quand je ne vivais que par vous et pour vous, pouvais-je soupçonner que la même passion qui vivifiait mon être, qui fécondait mon cœur, portait dans le vôtre des semences de mort? Je suis donc votre bourreau, moi qui voudrais prolonger votre existence de toute la mienne, de celle du monde entier! cette idée est horrible, insupportable! Cécile, Cécile! pourquoi ce désespoir, pourquoi ces larmes? Quel est ton crime? quel préjugé barbare étouffe à la fois dans ton cœur le flambeau de la vie et de la raison? Le trépas est la seule barrière qui puisse nous séparer et tu veux la mettre entre nous; mais il nous réunira malgré toi; oui, je le jure, le dernier de tes jours n'aura pas de lendemain pour moi. *La mort*, dis-tu, *met entre nous de moindres obstacles que n'en a mis la nature;* Cécile accuse la nature et c'est elle que j'invoque; c'est elle qui nous lie déjà par les nœuds les plus saints; c'est à sa douce chaleur, au sein des affections les plus chères au cœur de l'homme, qu'est né cet amour aussi pur que sa source. Comment la nature condamnerait-elle un sentiment qu'elle alimente sans cesse, et pourquoi restreindrait-elle ses limites quand elle augmente sa puissance. Non, non, Cécile, les liens du sang qui nous unissent ne rendent point nos feux criminels, tu prends la voix des préjugés pour celle de la nature : aucune loi sociale ne s'élève entre nous, la religion même dans laquelle nous sommes nés ne nous oppose point d'obstacles invincibles. Combien d'exemples ne pourrais-je pas citer à l'appui de mes raisons; mais qu'est-il besoin d'autorités à qui ne veut que mourir? Frappée de cette seule idée, vous allez au-devant des maux qui vous menacent vous combattez autant qu'il est en vous les efforts de la nature pour vous rendre la santé; vous vous créez de noirs fantômes. Dans votre cruelle prévention, vous mettez dans la bouche des autres vos sinistres pressentimens. A la lecture des premières lignes de votre lettre, j'ai volé vers le médecin, je lui ai demandé s'il était vrai qu'il eût prononcé l'arrêt horrible que vous croyez avoir entendu : *Loin de là*, m'a-t-il répondu, *je disais à la nourrice qu'avant de pouvoir faire un grand fond sur le mieux qui s'annonce, il faut avoir passé la troisième nuit.* Tout vous retient, Cécile, tout vous rappelle au jour que vous fuyez; d'un côté, votre jeunesse, l'excellence de votre constitution, les secours de l'art, n'attendent que la tranquillité d'esprit pour éloigner les symptômes d'un mal auquel le chagrin a tant de part. Mais si votre vie est en vos mains, pouvez-vous en disposer? Fille chérie, n'en devez-vous aucun compte à la meilleure des mères, qui ne vous survivrait (si la religion lui donnait la force de supporter votre perte) que pour traîner dans la douleur et dans les larmes ses jours infortunés? L'amitié n'a-t-elle aucun droit sur votre existence? Cette jeune et sensible Pauline qui vous prodigue des soins si touchans, ce frère qui vous aime si tendrement, votre aïeul dont votre mort précipiterait la fin, tant de nœuds sacrés ne vous font-ils point un devoir de vivre? Je ne vous parle pas de moi, je suis aussi maître de mon sort! et j'apprendrai de vous le cas que je dois faire du bonheur des autres.

Ah! si votre ame s'ouvrait aux consolations de l'espérance, quel avenir ! Cécile est rendue à nos vœux, elle se réveille au bonheur ; tandis qu'elle reçoit l'hommage de tous les sentimens dont elle est l'objet, l'amour le plus pur, le plus tendre, vient secrètement embellir tous les momens de sa nouvelle existence : Anatole, Cécile, ont juré d'être l'un à l'autre, toutes les puissances de la terre ne sauraient les désunir; l'amour, l'amitié, la nature unissent leurs efforts; tous les obstacles sont levés et le plus doux lien.... Félicité suprême ! au charme que j'éprouve, il est impossible que vous ne soyez qu'un vain songe; placé par vous, avec vous, entre l'excès du bonheur ou de l'infortune, je vous le répète, j'ai su prendre irrévocablement mon parti; je puis être le plus heureux des hommes, je n'en serai jamais le plus à plaindre : je puis vous consacrer ma vie, je ne pleurerai point votre mort....

LETTRE XXXII.

MADAME DE CLÉNORD A MADAME DE NEUVILLE.

Beauvoir, août 1786.

PARTAGE mon bonheur, ma tendre amie, après avoir partagé mes peines; ma fille est hors de danger, ou du moins tous les symptômes mortels ont disparu. Je n'ai eu ni le temps ni la force de répondre à tes dernières lettres dans l'état de désespoir où j'étais plongée; mais sur le bulletin de la maladie, que tu dois avoir reçu jour par jour, tu pouvais aisément te faire une idée de notre situation à tous.

Ah ! s'il était possible de mettre en doute que nos destinées sont entre les mains d'un Dieu qui dispense à son gré la vie et la mort, l'exemple qui vient de se passer sous nos yeux suffirait pour établir cette vérité éternelle. Quelle autre qu'une main divine a pu soustraire ma Cécile au trépas, et la rendre aux vœux ardens de sa mère, lorsqu'elle ne pensait plus qu'à la suivre au tombeau? Le 18, le médecin, contre l'avis d'Anatole, avait ordonné la saignée qui semblait d'abord avoir produit un mieux sensible; mais, dans la nuit du même jour, la fièvre reparut avec un caractère plus effrayant, et procéda, par redoublement, jusqu'au 20 au matin qu'elle quitta prise, et laissa la malade dans un tel état de faiblesse et d'extinction, que dès-lors je désespérai de sa vie. La matinée fut néanmoins assez bonne; elle dormit quelques heures, ce qui ne lui était pas arrivé depuis plusieurs jours.

Cédant aux prières d'Anatole, j'essayai de prendre un moment de repos; l'épuisement de mes forces me plongea dans un sommeil profond et léthargique, et par un renversement des idées généralement reçues, qui attribuent à l'imagination le pouvoir de reproduire dans le sommeil les images des objets qui l'ont occupé dans le jour, mes rêves s'embellirent du charme de l'espérance qui n'habitait plus mon cœur : éveillée, je ne voyais que le tombeau de ma fille; endormie, je la conduisais à l'autel. Les songes, ma sœur, ne peuvent-ils pas être quelquefois des rapports au moyen desquels la Divinité s'abaisse à communiquer avec la créature? La religion autorise cette pensée orgueilleuse et consolante. Il était trois heures lorsque je m'éveillai ; j'entendis quelque tumulte dans la chambre de ma fille ; j'y courus en tremblant ; toute la famille était rassemblée autour d'elle ; je m'approche, ou plutôt je me précipite vers son lit ; je la vois pâle et sans mouvement ; grand Dieu ! m'écriai-je, ma fille est morte ! et je perdis connaissance ; je repris mes sens à la voix de cette enfant adorée qu'un évanouissement avait mis dans l'état où je l'avais vue.

Il y avait encore trois jours à passer pour arriver au terme que le médecin avait fixé pour prononcer sur son sort, et je ne pouvais imaginer qu'elle pût aller jusque-là. J'essaierais en vain de te faire un tableau des scènes déchirantes qui se sont succédées dans ce court intervalle; il faudrait en avoir été témoin pour se faire une idée du spectacle déchirant qu'offrait la chambre de ma fille : le désespoir était sur tous les visages, excepté sur le sien; la sécurité du ciel brillait sur sa figure angélique qu'environnaient les ombres de la mort. « Pourquoi pleures-tu, ma tendre mère, me disait cette enfant adorable (dans un moment où l'altération de ses traits me semblait un présage de sa mort prochaine), nous sommes encore ensemble, et quel que soit l'arrêt du ciel, si nous nous séparons un moment, nous nous rejoindrons un jour au sein de la Divinité qui m'appelle avant toi. Mon sort, sur lequel tu gémis, est-il donc si malheureux? J'ai vécu peu d'années, mais dans ce court espace j'ai peu de reproches à me faire; le ciel m'est témoin que j'ai rempli son précepte, et que les auteurs de mes jours ont toujours été l'objet de ma pieuse vénération; j'ai consolé l'infortune quand il a dépendu de moi, et j'emporte la douce certitude de ne t'avoir jamais arraché que des pleurs de tendresse : qui sait, si j'eusse vécu plus long-temps, à quel avenir j'étais reservée?.... Qui sait si je n'eusse pas fait votre malheur à tous?... ajouta-t-elle en laissant tomber sa voix. Peut-être était-il temps pour moi de quitter la vie? Aujourd'hui je puis dire: Ma mère pleurera mon trépas et bénira ma naissance. » Pendant qu'elle parlait, j'étais assise près de son lit, les yeux attachés sur elle, immobile de douleur; Anatole entra, je me retirai un moment pour lui dérober le spectacle de mon désespoir.

Le lendemain, c'était le 21, je passai

d'une extrême affliction à une confiance déplacée, en observant le changement favorable que la nuit avait apporté à l'état de la malade; elle avait dormi quatre heures de suite; l'oppression de la poitrine avait diminué, la transpiration était rétablie, et sa figure, où brillait je ne sais quel air de satisfaction, annonçait une révolution favorable. Le médecin continuait à dire qu'il fallait attendre jusqu'au soir pour avoir un avis; la nourrice, crédule comme l'espérance, certifiait que le danger était passé et que les docteurs n'y entendaient rien: Albert et Pauline disaient comme la nourrice. Anatole, toujours occupé autour de la malade, interrogeait tour à tour les yeux de Cécile et ceux du médecin; il consultait à tout moment ce dernier, et moi je consultais tout le monde.

Cette journée fut marquée par un heureux présage : nous étions assemblés dans le salon, M. d'Amercour, M. de Saint-Julien, qui n'a pas manqué un seul jour de venir s'informer de l'état de ma fille, mon frère, le docteur et moi; il ne restait auprès de Cécile que sa femme de chambre et Pauline. Une chaise de poste se fait entendre dans la cour, et dans l'instant on annonce le chevalier d'Épival : à ce nom, Anatole jette un cri, se lève et se précipite dans les bras de son ami; ils s'embrassent, se pressent sans pouvoir proférer une parole. Jamais le sentiment de l'amitié ne s'exprima d'une manière plus touchante. Anatole, ensuite, nous présenta le chevalier, à qui je sus bien bon gré de ne pas chercher à s'excuser de s'être, pendant quelques instans, cru seul avec son ami. Ce jeune homme justifie au premier coup-d'œil tout le bien qu'en dit mon frère, mais tu peux en ce moment en juger toi-même. Il a voulu que je le chargeasse de cette lettre, et je ne crois pas qu'il manque de te faire assidument sa cour pendant le peu de jours qu'il est allé passer à Paris.

Nous accueillîmes M. d'Épival comme un ami de mon frère, et ce titre, joint au talent qu'il possède d'inspirer au premier abord une confiance entière, établit entre nous, au bout de quelques heures, la plus intime familiarité. Il ne put dissimuler à Anatole combien il le trouvait changé, et cette observation fut accompagnée d'une larme qu'il cacha dans le sein de son ami. Effectivement, ma chère, on aurait peine à se figurer à quel point il a souffert de la maladie de sa nièce : sans cesse occupé auprès d'elle ou pour elle, il a fait trois ou quatre fois le voyage d'Orléans, en quelques heures, pour en rapporter des médicamens qu'on pouvait trouver à Blois, mais dans une qualité inférieure. Jamais il n'a voulu se fier à personne pour des commissions de cette importance. Tu connais l'invincible répugnance de ma fille pour toute espèce de médecine; pendant sa maladie, son oncle seul a pu la décider à prendre les diverses potions qui lui étaient ordonnées. Le médecin, Pauline, moi-même nous perdions tous notre temps; il fallait avoir recours à l'éloquence d'Anatole : croirais-tu que plusieurs fois, pour la déterminer, il a poussé la complaisance jusqu'à boire avant elle une partie du dégoûtant breuvage qu'il fallait lui faire prendre? Non, il n'existe pas sur la terre un cœur comme le sien, et je suis bien près d'excuser toutes ses erreurs, si, comme l'assure mon père, elles ont la même source que ses vertus.

Enfin le jour fatal de la crise arriva : la nuit qui l'avait précédée avait réveillé toutes mes alarmes; les symptômes de danger avaient reparu; un mal de tête insoutenable se joignit à d'horribles accès de fièvre, accompagnés d'un délire continuel et d'une suffocation intermittente. Notre docteur, qui n'avait pas partagé notre sécurité de la veille, paraissait néanmoins ne s'être pas attendu à une secousse aussi violente. Importuné par mes questions, il m'avoua que cette crise serait la dernière, mais qu'il y aurait du danger jusqu'à minuit. Peins-toi, si tu le peux, ma chère bonne, mes angoisses jusqu'à ce moment fatal : personne ne se coucha ; nous étions tous rassemblés dans la chambre de ma fille. Vers dix heures, de légères convulsions commencèrent à se manifester; ma terreur fut à son comble. Dans l'espèce d'illusion où l'on avait cherché à m'entretenir, j'avais différé de l'avis d'Anatole et du médecin, d'invoquer pour ma fille les secours religieux; j'avais eu d'autant moins la force de suivre mon avis, que Cécile, toute pieuse qu'elle est, n'avait encore témoigné aucun désir d'accomplir ce devoir : dans ma frayeur, je ne consultai personne, et j'envoyai chercher le curé. Il était onze heures quand il vint; mais il ne put que joindre ses prières aux nôtres; la malade ne pouvait plus se faire entendre.

Agitée de convulsions devenues plus fortes de moment en moment, cette excellente et courageuse enfant employait l'intervalle que lui laissait la douleur à nous consoler par des gestes à défaut de la voix. Elle tenait une de mes mains qu'elle portait alternativement sur son cœur et sur sa bouche : ses regards mourans s'attachaient sur moi, sur son oncle, sur sa jeune amie, avec une expression si touchante, que le médecin lui-même fondait en larmes; les sanglots suffoquaient tout le monde. Pour moi, je ne pleurais plus; j'avais perdu l'usage de ma raison, je poussais des cris aigus; j'invoquais le ciel, les hommes, la nature! Minuit sonne; je me jette le visage contre terre, au pied d'un crucifix : « Dieu bienfaisant! m'écriai-je, prends pitié d'une malheureuse mère; rends-moi ma fille, ou laisse-moi la suivre au tombeau! » Mon action est imitée par tous les assistans;

tous se prosternent; les mains se lèvent vers le ciel, tous les vœux se confondent, et l'Éternel entend nos prières. Je t'ai dit que toutes les personnes présentes à cette scène de douleur tombèrent à genoux à mon exemple; il m'en coûte pour t'avouer que mon frère seul, le bon, le sensible Anatole, ne fut point entraîné par cet instinct d'adoration; saisissant avec une espèce de fureur une des mains de Cécile qu'il semblait disputer à la mort, il resta debout, les yeux attachés sur ceux de la malade. Malheureux jeune homme! Quelle est donc cette philosophie stoïque qui éteint dans le cœur de l'homme ce sentiment de dépendance et d'amour, et qui ravit au malheureux près de succomber à ses maux l'espoir d'un Dieu qui l'entend ou d'un Dieu qui l'éprouve? Quelle prière me resterait-il à lui faire si en me rendant ma fille ce Dieu de bonté eût éclairé mon frère!.... Soit illusion, soit réalité, en me rapprochant du lit où ma fille luttait contre l'agonie du trépas, il me sembla qu'un rayon de vie perçait à travers les ombres de la mort dont elle était environnée.

A une heure environ, le médecin, en lui tâtant le pouls, s'écria : « Le pouls redescend, elle est sauvée! » Figure-toi, si tu peux, l'enthousiasme, le délire de joie dont ces mots furent le signal. Anatole, qui tenait un vase à la main, le laisse tomber, et s'élançant au cou du docteur (avec une action qui me fit pleurer alors, et qui me fait rire à présent que je pense au mouvement de frayeur dont celui-ci ne fut pas maître) : « Si vous dites vrai, disposez de mes biens, de mes jours, tout est à vous! » Le cher médecin fut embrassé, presqu'étouffé à force de caresses : un mot avait ranimé toutes nos espérances; Pauline, l'aimable Pauline qui avait absolument voulu passer cette nuit auprès de son amie, et dont on avait eu peine à contenir l'excès de la douleur, ne fut pas maîtresse de contenir ses transports de joie; elle embrassait tout le monde, riait en fondant en larmes, tâtait à tout moment le pouls de la malade, comme si la chère enfant y avait connu quelque chose, et répétait chaque fois : « Certainement le pouls redescend! » L'effroi avait tari les pleurs dans mes yeux, avec l'espoir ils commencèrent à couler.

Renversée sur le lit de ma fille, je l'inondais de mes larmes ; je l'appelais, je la pressais dans mes bras : Charles, que les larmes suffoquaient, allait de l'un à l'autre, cherchant à inspirer la confiance et l'espoir. Insensiblement la connaissance revenait à la malade : le docteur exigea que tout le monde se retirât pour quelque temps, de peur que la part trop vive qu'elle paraissait prendre à ce qui se passait autour d'elle, n'influât défavorablement sur la crise qui se préparait.

Deux heures après, lorsque le médecin nous permit de rentrer, Cécile avait recouvré la parole : « Ah! ma mère, je te revois, s'écria-t-elle; mon Dieu, que de grâces je te dois pour ce bienfait!.... » Quel plaisir existe-t-il sur la terre après celui que j'éprouvai dans les embrassemens de ma fille?

Anatole lui présenta le chevalier : « Je mettais au nombre de mes regrets, lui dit-elle d'une voix affaiblie, de mourir sans avoir connu l'ami de mon oncle. — Vous vivrez, Mademoiselle, repondit Charles les larmes aux yeux, pour le bonheur de tout ce qui vous aime. » Et il déroba son émotion en se jetant dans les bras de son ami.

Depuis ce moment, l'état de la malade devint d'heure en heure plus rassurant; une fièvre salutaire s'établit, d'abondantes transpirations firent disparaître l'oppression de la poitrine, et le mieux fut si sensible, que le lendemain le médecin assura qu'il n'y avait plus rien à craindre pour sa vie. Cette nouvelle fut reçue dans le village avec des transports de joie inimaginables : dès sept heures du matin, les cours du château étaient pleines d'une foule de villageois qui remplissaient l'air de chants d'allégresse. Anatole et Albert allèrent au milieu d'eux les assurer combien la malade et toute sa famille étaient sensibles aux témoignages de leur attachement. Toutes les femmes faisaient cercle autour de la bonne nourrice qui leur racontait en sanglottant ce qui s'était passé dans la nuit.

Il n'y a que trois jours d'écoulés depuis cette nuit cruelle où j'ai cru perdre ma fille, et déjà elle touche à sa convalescence. Anatole a formé le projet d'une fête pour son rétablissement, mais elle ne sera complète qu'autant que tu pourras t'y trouver. Il serait charmant à toi de revenir avec le chevalier; nous ne l'avons laissé partir qu'avec promesse de se rendre au jour que nous indiquerions, et qui sera déterminé sur l'état de la santé de Cécile. Je ne te presse pas, chère sœur, bien persuadée qu'il faudrait des motifs bien puissans pour que tu ne te rendisses pas à nos vœux. Adieu, je t'embrasse dans l'effusion de mon cœur.... Point de nouvelles de mon mari....

LETTRE XXXIII.

MADAME DE NEUVILLE A MADAME DE CLÉNORD.

Paris, août 1786.

Ne voulant pas ajouter à tes chagrins, j'ai dû te laisser ignorer jusqu'à ce moment, ma chère belle, que depuis trois semaines je n'ai pas quitté mon lit : mais point d'inquiétude, il ne s'agit que d'une entorse et dans quelques jours il n'y paraîtra plus : j'ai beaucoup souffert de ce petit accident, mais bien moins que de l'impossibilité où il m'a mis de voler auprès de toi; tu connais ma tendresse pour Cécile, et ton cœur seul peut apprécier mes douloureuses inquiétudes, à la lecture des derniers bulletins qui m'annonçaient l'état déplorable où elle était réduite. Le spectacle de ses souffrances, l'image de ton désespoir m'ont assiégée sans relâche. Je n'ai rien gagné, je t'assure, ma bonne, à n'avoir pas été témoin de vos maux, et s'il m'eût été possible de descendre de mon lit, je serais en ce moment à Clénord; mais essuyons nos yeux, c'est assez de se désespérer quand l'occasion s'en présente, la crainte ne doit pas survivre d'une minute au danger.

Ta lettre et le chevalier m'assurent positivement que Cécile est hors de danger, et nous ne devons donc penser à la frayeur que nous avons eue de la perdre, que pour sentir plus vivement la certitude où nous sommes de la conserver. Pauvre petite!... allons.... encore une larme... mais c'est la dernière.

Plus occupée des tristes effets de la maladie de ta fille, que du soin d'en rechercher l'origine et d'en rapprocher les circonstances, tu repousses, ma tendre amie, une idée que différens passages de tes lettres rendent au moins plausible et sur laquelle je dois te faire part de mes soupçons; oui, ma bonne, je crois que le cœur a la plus grande part à la maladie qui a failli trancher des jours qui nous sont si chers. Ma persuasion, à cet égard, n'est fondée que sur des observations assez vagues; sur la nature, les symptômes, les progrès du mal; sur quelques mots échappés à la malade, sur sa résignation à quitter la vie, sur mille remarques plus futiles encore; il n'en est pas moins vrai que je crois qu'il y a ici de l'amour sur jeu; tu vas me dire que j'en vois partout; mais, très-bonne et très-respectable sœur, c'est qu'il est certain que de quinze à quarante ans, il faut presque toujours avoir recours à lui pour expliquer tout ce qui se passe d'extraordinaire chez les femmes au physique comme au moral. Après cela pourtant, si tu me demandes à qui je fais honneur du sentiment que je suppose exister dans le cœur de Cécile, je ne me trouve pas moins embarrassée que toi pour prononcer avec quelque vraisemblance ; mais, en revanche, je m'en dédommage en donnant carrière à mes conjectures ; personne n'en est exempt, et quand il s'agit d'amans, grâce à la connaissance que j'ai des bizarreries de mon sexe, je vois des coupables dans tous les hommes. Je me demande, en premier lieu, si ce beau comte que l'on hait tant, ne serait pas celui qu'on aime : mon Dieu ! j'entends toutes les objections, je sais tout ce que tu m'as dit à cet égard, mais qui sait jusqu'où l'aversion qu'une mère chérie porte à ce personnage peut avoir déterminé une fille soumise à déguiser son penchant! Encore une fois, ce n'est là qu'une conjecture. Malgré mon humeur soupçonneuse, j'ai de la peine à donner quelque attention au chevalier de Saint-Julien; ses soixante ans, son rhumatisme et sa verrue sur le nez se présentent avec trop d'avantage dans mon esprit; mais sans compter les rencontres romanesques, sans parler du voyageur qui n'est connu que de l'innocente, qui du haut d'une terrasse a laissé tomber sur lui un regard d'amour, sans avoir recours au merveilleux, combien la marche ordinaire des choses ne présente-t-elle pas de chances en faveur d'une inclination ignorée même de son objet : veux-tu, bonne amie, que j'aille plus loin? veux-tu que j'achève de donner carrière à mes folles présomptions. Notre philosophe indien ne trouve pas grâce devant moi ; j'en demande pardon à la raison et surtout à la consanguinité ; mais ce n'est pas la première fois que ce perfide amour se serait introduit dans une maison sous un air de famille ; tu recules d'effroi à cette idée, et les mots de nièce, d'oncle, de parrain se pressent sur tes lèvres. Tout en convenant de l'énormité de ma supposition dont je ne te parle, après tout, que pour épuiser le chapitre des conjectures, tu me permettras de l'envisager sous un jour propre à en faire ressortir les vraisemblances. Je connais la force de certaines institutions, j'ai presque dit de certains préjugés ; mais cette force, ma bonne amie, se brise contre la passion qui peut s'autoriser d'un seul exemple connu et victorieux, et tu sais qu'en ce genre il en est mille. Ce point une fois admis entre nous, les probabilités naissent en foule : rapport d'âge (car dix ou onze ans de différence sont justement ce qui établit ce rapport) ; analogie de caractère qui m'a frappée de tout temps, malgré leur contraste extérieur; excessive sensibilité de part et d'autre ; tournure d'esprit également romanesque, qui les isole en quelque sorte de la société commune, et conséquemment les rapproche davantage ; je pourrais ajouter, ma chère, beaucoup d'autres considérations ; mais je sens à quel point je te déplairais en insistant sur cette idée, et ce n'est point mon intention. J'ai voulu seulement, en te communiquant tout ce qui m'a passé par la tête à ce sujet, ouvrir un champ plus vaste à ta surveillance maternelle.

Le docteur entre et l'heure du courrier approche : le reste sera pour l'ordinaire prochain; adieu, ma toujours plus chère amie; je t'aime de toutes mes forces. Tu peux compter sur moi pour la fête, quand je devrais m'y faire porter sur un brancard; mais suivant toutes les apparences, je serai prête avant Cécile. Comme je l'embrasse cette chère enfant! Cette fois il n'y a pas de fièvre qui y tienne. Je ne vous ai pas dit un mot de votre aimable courrier, c'est que j'en veux faire l'objet d'une lettre à part

LETTRE XXXIV.

LA MÊME A LA MÊME.

Août 1786.

Il est bon que tu saches, avant tout, ma bonne, que j'ai fait hier soir, pour la première fois depuis vingt jours, le trajet de mon lit à ma cheminée, et que c'est dans ma bergère, la jambe gauche horizontalement étendue sur une pile de carreaux, que j'écris en ce moment. L'enflure existe toujours, mais la douleur est bien diminuée. Je ne sais pourquoi l'on sépare rarement l'idée d'entorse de l'idée de la danse; voilà pourquoi je t'ai déjà surprise dix fois disant en toi-même : « C'est à quelque bal que mon étourdie se sera foulé le pied. » Eh bien! non, Madame, ce n'est pas au bal, c'est à l'église ; j'avais été priée par le père Bénard d'assister à un sermon qu'il prêchait à Saint-Sulpice ; son texte était les récompenses du juste après sa mort : il est bien probable que Sa Révérence n'est point à cet égard dans la confidence du Très-Haut, à en juger par sa description du paradis qui semblait faite pour en dégoûter les plus intrépides ; mais si l'éloquence monastique du bon moine manqua son effet sur les cœurs, elle agit avec tant d'empire sur les sens, qu'un sommeil léthargique s'empara de tout l'auditoire. Je ne fus pas à l'abri de ce puissant narcotique ; probablement même ma dose avait été plus forte que celle des autres : le fait est qu'en sortant de l'église, à moitié endormie, je ne vis pas que j'étais arrivée aux premières marches ; je fis un faux pas assez malheureux quoique je donnasse le bras à mon laquais, pour me tordre le pied de la manière la plus violente.

Maintenant, ma bonne, parlons un peu de M. d'Épival. Je ne sais si j'oserai t'en dire autant de bien que j'en pense ; pourquoi pas?... C'est un jeune homme; après ?... Faut-il se condamner à ne parler bien que des vieux ? Moi, je rends justice à qui il appartient. *Honni soit qui mal y pense.*

Depuis quatre jours qu'il est à Paris, il est très-peu sorti de chez moi ; s'il avait eu seulement trente ans de plus, j'aurais pu lui offrir un appartement; mais il n'y avait pas moyen d'y penser sans se faire une affaire avec toutes les bégueules et toutes les dévotes du quartier; et Dieu m'en garde. Ses premières paroles m'ont singulièrement prévenue en sa faveur; on l'avait introduit dans ma chambre à coucher dont j'ai fait mon salon depuis mon accident. Je lui sus bon gré de se présenter chez moi dans tout le négligé du voyage. Avant toute autre explication, et prévenant toutes celles que j'allais lui faire : « Votre nièce, me dit-il, Madame, est hors de danger, votre sœur est au comble de la joie, et mon ami m'a chargé de vous en porter la nouvelle. » Que je lui sus bon gré, dans ce moment, d'avoir supprimé l'ennuyeux protocole d'usage dans une première visite! Il était onze heures lorsqu'il arriva, et ce n'est qu'à onze heures du soir que nous nous séparâmes. Il dîna et soupa auprès de mon lit.... Un jeune homme, un étranger!... Par égard pour les convenances, je mis une vieille dame de mes amies en tiers avec nous. Nous ne cessâmes pas de nous entretenir de la maladie de Cécile. Je glissai quelques mots pour savoir s'il n'aurait pas eu la même idée que moi sur la cause physique et morale qui peut y avoir donné lieu; il ne parut pas m'entendre. Il fut très-surpris, comme tu peux croire, de me trouver au lit, et me témoigna beaucoup d'intérêt, mais de cet intérêt qui ne cherche pas à se faire remarquer.

Il n'est pas trop permis de juger quelqu'un après quatre jours de connaissance; je t'avouerai cependant (sauf à revenir par la suite sur mon jugement si je me suis trompée) que M. d'Épival est ce que j'ai vu jusqu'ici de plus passable en homme : de l'esprit sans prétention, de l'assurance sans fatuité, de la sévérité et pourtant de la grâce dans les manières, de la dignité dans le maintien, de la noblesse dans les sentimens, le ton de la franchise, le regard de la bonne foi, l'expression de la bonté; son caractère n'est pas ce qui me plaît davantage dans sa personne; je le trouve habituellement trop sérieux, et j'y remarque le même défaut que dans sa physionomie, trop d'uniformité; d'autres trouveraient cela superbe; mais je suis un peu folle, et par conséquent je crains de me trouver en présence de la sagesse. Sais-tu que je trouve à votre chevalier un faux air de Grandisson? Il possède son sang-froid au suprême degré. Je n'ai remarqué de mouvement, d'expression sur sa figure qu'en parlant d'Anatole : alors son regard s'anime, son œil se mouille, son geste parle, sa physionomie se passionne; la douce chaleur de l'amitié semble lui donner une ame nouvelle. « Anatole, me disait-il dans un de ses momens d'enthousiasme, n'a pas son pareil sur la terre; son ame est un chef-d'œuvre. Tout ce qu'il peut y avoir de bon, de grand, de sublime chez les hommes, se trouve chez lui au plus éminent degré. » Insensiblement entraîné par le plaisir de parler de son ami, il me raconta les circonstances vraiment extraordinaires de l'aventure dont tu m'as déjà parlé, et à laquelle il doit l'amitié d'Anatole. D'ailleurs le chevalier, en préconisant les vertus et les qualités brillantes de son ami, ne nie pas que les passions n'en ternissent souvent l'éclat et ne paraît pas même exempt de craintes sur l'influence qu'elles peuvent encore avoir sur son sort à venir. Je suis, à cet égard, de son avis; j'ai peur qu'un beau matin notre cher frère ne mette la philosophie en défaut; pourvu qu'il n'y mette que la philosophie, je lui pardonne de bon cœur.

Pour en revenir au chevalier d'Épival, je souhaiterais, pour le bien de l'un et de l'autre, qu'il pût troquer une partie de son sang-froid contre l'équivalent en passion que mon frère pourrait lui fournir; tous deux gagneraient à ce marché, et qui sait! peut-être, ne seraient-ils pas les seuls?

Hier, pour la première fois depuis un mois, j'ai fait ouvrir ma porte; tu crois bien que ma cour a été nombreuse:

le chevalier a fixé tous les regards et son succès n'a pas été douteux, car il a généralement plu à toutes les femmes et déplu à tous les hommes. Aussi peu sensible, en apparence, à la bienveillance des unes qu'à l'injustice des autres, il n'a point accordé la moindre attention aux petites agaceries et aux questions malignes dont il a été l'objet. On a joué; j'ai voulu le mettre à la partie de la jolie madame de Vaumarcelle, qui me paraissait avoir grande envie de l'avoir pour partner au whist; mais il a préféré faire un trictrac avec moi.

On l'annonce en ce moment, ainsi je te quitte pour lui faire compagnie. En attendant, je te préviens, ma bonne, qu'à ta première réquisition, il est arrêté que, toutes affaires cessantes, nous

nous mettons en route, le chevalier, la vieille présidente et moi : j'attends le courrier avec grande impatience. Je t'embrasse sur les joues de ta fille.

LETTRE XXXV.

MADAME DE CLÉNORD A MADAME DE NEUVILLE.

Beauvoir, août 1786.

Je te sais bon gré, ma chère bonne, de m'avoir épargné le surcroît de chagrin de te savoir souffrante, lorsque j'arrosais de mes larmes le lit de douleur où je craignais de voir expirer ma fille. Tu as dû bien souffrir! Je connais cette espèce de mal; il est doublement insupportable pour toi; il exerce le courage et la patience; mais je ne sais si tu dois t'en plaindre ou t'en applaudir, puisqu'il t'a sauvé le spectacle douloureux dont nous avons été témoins.

Prends garde surtout, par trop de précipitation, d'éloigner ta guérison prochaine.

Tu veux donc, mon ange, être folle toute ta vie, et les années ne mûriront donc jamais ta pauvre tête. A vingt-sept ans passés tu n'es pas moins déraisonnable que tu ne l'étais à quinze, lorsque pour me faire épouser le jeune M. de Thennières, dont tu me soupçonnais éprise tu voulais, disais-tu sérieusement, épouser le père, afin que, devenue mère du fils, tu pusses en faire le mari de ta sœur. Avec un cœur aussi pur, comment a-t-on la tête aussi légère? Que sans prendre conseil de la raison tu te perdes en suppositions ridicules sur l'objet d'un sentiment que tu supposes à ta nièce, il n'y a rien là qui m'étonne; les idées se ressentent du cerveau dans lequel elles sont conçues; mais que tu pousses tes conjectures jusqu'à t'arrêter à l'idée d'un crime! oui, ma sœur d'un crime; voilà ce qui m'afflige véritablement. Il est des choses possibles qui ne le seront jamais pour moi, et surtout je me garderai bien de traiter de préjugés ce que la religion défend, ce que la nature désavoue, et ce que la loi condamne! S'il faut tout dire, ma chère, pour ne plus revenir sur un pareil sujet, je me croirais coupable d'y chercher de la vraisemblance. Que deviendrait donc le bonheur des familles? que deviendrait cette délicieuse intimité qui en fait le charme, cette confiance sans borne sur laquelle il repose, si des soupçons odieux pouvaient empoisonner les caresses et supposer un motif criminel aux soins les plus touchans? En vérité, ma sœur, tu as quelquefois d'étranges idées, et qui ne te connaîtrait, te jugerait souvent bien rigoureusement. Mais je te connais, moi, et je sais que tu agis toujours bien parce que ton cœur règle tes actions, mais que tu penses quelquefois mal, parce que tu raisonnes avec ton esprit. Tu me feras grâce pour ma morale, et je te pardonne de m'avoir affligée un moment.

Ma fille va de mieux en mieux ; elle a quitté le lit hier pour la première fois. Le docteur part ce soir.

Je suis bien aise de voir que nous portons toutes deux à peu près le même jugement sur le chevalier d'Épival ; je dis à peu près, car j'aime beaucoup ce sang-froid qui te déplaît tant.

Si l'exemple de la malignité pouvait me séduire, je m'apercevrais peut-être que le paragraphe, que tu consacres, à parler de cet ami de mon frère, tient une grande page et demie dans ta lettre; mais, chez toi, la nouveauté jouit si souvent du privilége de l'intérêt!

Bonjour, ma tendre amie; je t'embrasse sans rancune.

LETTRE XXXVI.

ANATOLE A CHARLES D'ÉPIVAL.

Beauvoir, août 1786.

N'Y a-t-il pas d'exemples, Charles, de gens devenus fous par excès de joie? S'il en existe, tremble pour la tête de ton pauvre ami.... Comment veux-tu que le désordre de mes sens ne se répande pas sur mes idées? que ma raison ne partage pas l'ivresse de mon cœur? Je suis tranquille sur ses jours et je m'enivre du bonheur d'en être aimé. Aimé de Cécile!... Ne mêle pas, mon indulgent ami, l'amertume des réflexions aux transports délicieux que j'éprouve en ce moment; un mot, un seul mot détruirait l'illusion ravissante où je suis plongé et ferait de moi le plus misérable des hommes. C'est toi qui m'as forcé de lire dans mon propre cœur, et c'est toi qui, tout à la fois le plus sage et le plus sensible des hommes, m'as conseillé d'avoir recours à l'amour pour sauver sa victime; seras-tu moins généreux quand il s'agit du bonheur, que tu ne l'as été quand il n'était question que de la vie? Condamner Cécile à vivre dans les larmes, n'est donc pas à tes yeux un plus grand crime que de la laisser mourir? C'est en vain que je chercherais à me le déguiser à moi-même, l'amour s'est emparé de mon existence... il s'est identifié avec tout mon être, l'amitié même n'est pas plus nécessaire à mon cœur. Tu me l'avais bien dit, mon cher Charles, je n'avais jamais aimé! Ah! que j'étais loin de soupçonner le sentiment que j'éprouve! Que j'ai honte de l'abjection de ce sentiment que j'honorais du nom d'amour! Tous les maux qui affligent l'espèce humaine, peuvent tomber à la fois sur ma tête, chaque instant de ma vie actuelle justifie la fortune pour un siècle de douleurs. Ne t'étonne pas si tu ne trouves ni liaison ni sens commun dans ma lettre; je t'écris seul auprès d'elle, tandis qu'un sommeil bienfaisant répare ses forces épuisées par de longues souffrances : mes yeux distraits ne peuvent se fixer un instant sur mon papier, et j'ai besoin de penser à qui j'écris pour m'arracher par intervalle au plaisir de contempler cette figure angélique, dont un léger coloris commence à ranimer la langueur. Son visage est tourné vers moi, ses yeux fermés semblent encore chercher mes yeux, ses lèvres entr'ouvertes semblent encore prononcer ces derniers mots qu'elle m'adressait avant de s'abandonner au sommeil: *Anatole, vous m'avez arrachée au trépas, je vivrai donc tant que vous voudrez que je vive.* Tu l'as vue, mon ami, tu as entendu le son de sa voix; je t'ai surpris toi-même un moment sous le charme; juge de ce qui se passe en moi, lorsque cette bouche adorée laisse échapper ces mots : *Je vous aime !* . . . . .

Mon ami, tu as arraché du fond de mon cœur un secret terrible que je cherchais encore à me dérober à moi-même; tu as sondé ma blessure profonde; il serait inutile de vouloir t'abuser par un espoir que je n'ai plus, qu'il me serait affreux d'avoir, celui de me soustraire au penchant irrésistible qui m'entraîne. Juge de l'empire qu'il exerce sur moi; je puis te sacrifier mille vies et je ne pourrais te sacrifier mon amour. Mais cet amour, Charles, dont les droits balancent les tiens, pourrais-tu lui soupçonner un modèle sur la terre? Aurais-je, à mon tour, à te reprocher un abus sacrilége d'un nom si souvent profané? Ah! s'il est un sentiment dont la source soit uniquement dans l'ame, dont l'action, la puissance et le terme ne participent en rien au commerce des sens, c'est, n'en doute pas, ce même amour dont je confesse en même temps la violence et la pureté. Le jour où le nom de Cécile ne réveillerait plus dans mon cœur l'idée de toutes les perfections, où je pourrais séparer son image de tous les attributs divins dont je la vois ornée, où je ne trouverais plus le bonheur suprême dans un seul de ses regards, ce jour-là, Charles, Cécile ne serait plus à craindre pour moi; mais que la haine des hommes soit mon partage éternel, que la bénédiction de mon père ne repose plus sur ma tête, que l'estime de mon ami me soit enlevée sans retour, si j'osais m'arrêter un moment à la seule idée des forfaits dont tu n'as pas craint de me présenter le tableau! Satisfait du plaisir d'aimer, du bonheur de l'être, je ne vois rien au-delà de ma félicité actuelle, et tous mes vœux s'éteignent dans la durée d'une pareille existence.

P. S. Tu sauras qu'une extrême faiblesse est la seule trace qui reste en ce moment d'une maladie si terrible, et ce qui peut te donner une idée de notre sécurité, c'est que le médecin se prépare à retourner à Paris, comblé, comme tu t'imagines bien, d'argent et de bénédictions.

LETTRE XXXVII.

LE MÊME AU MÊME.

Beauvoir, août 1786.

Le lendemain du jour où tu nous quittas, ne s'effacera jamais de ma mémoire. Plusieurs personnes, le comte entre autres, s'étaient rendues le soir au château, mais la malade n'étant pas encore en état de recevoir des visites, tout le monde était rassemblé dans le salon; Pauline et moi nous restions seuls auprès de Cécile. Je proposai, pour la distraire, de lire une brochure nouvelle que je venais de recevoir; elle accepta, mais l'auteur dès le début s'étant permis de dire que les femmes étaient incapables d'amitié, Pauline se leva brusquement, embrassa Cécile et s'enfuit, en disant que l'auteur était un insolent et un sot. Lorsque je me vis seul avec Cécile (c'était la première fois depuis ma lettre), j'oubliai de reprendre ma lecture et je restai dans un état voisin de l'anéantissement; enfin je fis un effort sur moi-même, et, jetant les yeux sur elle, je vis des larmes s'échapper des siens. « Cécile, lui dis-je sans penser à ce que je disais, éprouvez-vous quelque douleur?—Je n'ai jamais été mieux, » me répondit-elle. Le son de sa voix me rendit à moi-même. « Ah! répétez-moi souvent cette assurance, continuai-je, elle achève d'écarter mes craintes; je tremble encore quand je pense au danger que vous avez couru. — Anatole, c'est vous qui m'en avez délivrée! » Ces dernières paroles étaient accompagnées d'une expression si touchante, que je ne fus pas maître de modérer l'impression qu'elles firent sur moi, et que m'abandonnant à toute la chaleur de mon ame, je lui peignis l'amour dont je suis enivré. Comme je parlais, je vis ses traits s'altérer, elle étendit la main vers moi et je la sentis trembler dans la mienne; je me tus. « Mon ami, me dit-elle après un moment de silence, un effroyable avenir nous menace. Ah! s'il pouvait n'atteindre que moi!.... » Je m'efforçai d'éloigner ses pressentimens funestes, et je parvins à rendre le calme à son ame en lui présentant, sous les couleurs les plus douces, le séduisant tableau de l'espérance. Pauline rentra, et le charme de ses caresses ajouta un nouveau degré de vraisemblance à l'image du bonheur.

« Pendant que vous êtes là, dit-elle en riant, à lire des sottises, le comte est en bas occupé à en faire : le vieux chevalier de Saint Julien s'entretenait de guerres, de combats avec mon père qui l'écoutait de toutes ses oreilles : M. le comte qui me parlait depuis une heure, sans que je lui répondisse, piqué d'avoir toujours eu raison avec moi, voulut avoir tort avec quelqu'un. En conséquence, il alla se mêler à la conversation de ces Messieurs, et, comme une parque fatale, trancha le fil d'une narration intéressante, en niant au chevalier la vérité du fait qu'il avançait ; il s'agissait de je ne sais quelle bataille. « Je ne vous interromps pas quand vous parlez de vos bonnes fortunes, où peut-être vous n'étiez pas, dit le vieux militaire avec humeur; veuillez bien ne pas m'interrompre quand je parle d'un combat où j'étais.—Il est vrai, reprit le comte en ricanant, que je n'étais pas en personne à Fontenoy, mais pour peu qu'on ait connu son grand-père, on peut en savoir les détails.» Piqué de cet appel à son âge, M. de Saint-Julien reprit, en lui lançant un regard courroucé, qu'il y avait tel grand-père assez malheureux pour avoir de bien petits-fils. Le comte rougit de colère, et je ne sais où la querelle se serait arrêtée, si ta maman qui s'était approchée n'eût fait prendre par sa présence un tour plus décent à la conversation. »

Pendant que Pauline, assise sur le lit de Cécile, nous racontait tout ce qui s'était passé au salon, Albert que l'on est toujours sûr de voir paraître sur ses traces, se fit entendre sur l'escalier. La malade obligea son amie à se cacher pour jouir un moment de l'embarras de son frère ; Albert entra précipitamment et parut fort surpris de ne pas voir celle qu'il cherchait. « Eh bien ! mon cher oncle, vous auriez perdu, me dit Cécile ! Croirais-tu, Albert, qu'il voulait parier que tu passerais la soirée sans me venir voir, si Pauline ne t'en donnait l'exemple ? Je suis bien aise que ton empressement lui prouve que ses observations tombent souvent à faux. » Mon petit neveu qui ne voulut pas perdre l'occasion de me trouver dans mon tort, donna dans le piége et fit avec grâce à sa sœur les honneurs de sa visite. Je voulus suivre la plaisanterie. « Je vois bien ce qui nous l'amène, ajoutai-je, c'est que mademoiselle d'Amercour fait la partie de piquet de son père. — Point du tout, mon oncle, reprit-il ; afin de ne rien perdre de ses avantages, elle ne joue pas. — Que fait-elle donc ? lui dit Cécile d'un air assez indifférent. — Elle... (il hésita) elle joue du piano. » A cette réponse nous partîmes, Cécile et moi, d'un grand éclat de rire, et tirant le rideau derrière lequel la petite personne était cachée, nous le mîmes dans le plus plaisant embarras. Pauline s'efforçait de rire avec nous, mais il était aisé de voir qu'elle partageait le malaise d'un autre et qu'elle se savait très-mauvais gré de la part qu'elle avait prise à la plaisanterie. Albert qui démêla fort bien ce sentiment, nous pardonna en sa faveur le tour que nous lui avions joué.

Le spectacle des jeux innocens d'Albert et de Pauline qui passèrent avec moi cette soirée auprès de Cécile, contribua beaucoup à dissiper un reste d'abattement; je vis le sourire pour la première fois depuis long-temps caresser ses lèvres, et son ame parut s'ouvrir aux douces impressions de la joie.

Ma sœur est encore dans l'ivresse du plaisir que lui cause le rétablissement de sa fille. Cette tendre mère ne se lasse pas de répéter que c'est en partie à mes soins qu'elle doit ce bonheur; conçois-tu, Charles, ce que les témoignages de sa reconnaissance ont de pénible pour moi?

M. de Clénord a écrit hier; la maladie de sa fille paraît l'avoir affligé vivement, mais il est aisé de voir par sa lettre qu'il y a loin du cœur d'un père à celui d'une mère. Il est en ce moment à Madrid, et il annonce qu'il attendra le courrier suivant, pour se décider à revenir si l'état de la malade devenait plus alarmant; mais que, dans le cas contraire, ses affaires le retiendront loin de nous jusqu'à la fin de l'été. Je t'avouerai, mon ami, que j'ai plusieurs raisons pour craindre son arrivée : la première, c'est qu'il a des vues d'établissement pour Cécile; la seconde, soit dit entre nous, c'est qu'il ne rend point heureuse la femme du monde qui mérite le plus de l'être. Il y a tout lieu de présumer, d'après les nouvelles rassurantes qu'il a dû recevoir, qu'il différera son retour.

Nous avons aussi reçu deux lettres de madame de Neuville depuis ton arrivée à Paris; mais, contre son ordinaire, ma sœur s'est contentée de m'en lire le contenu; je crois deviner le motif de cette réserve... Dis à ma petite sœur que j'ai appris avec beaucoup de chagrin l'accident qui lui est arrivé, mais aussi pourquoi va-t-elle au sermon ? Ne peut-elle pas dormir ailleurs? Elle nous promet de t'accompagner à ton retour ici, et je me fais une grande fête de l'embrasser.... Je te connais trop bien, mon ami, pour te recommander le secret sur ce qui me regarde, mais je dois t'avertir que madame de Neuville est douée d'une si grande finesse, d'une telle habitude a démêler votre pensée dans vos yeux, dans la moindre parole, dans votre silence même, qu'il faut au plus habile une attention très-soutenue, pour échapper à sa pénétration : cet avis peut avoir une double utilité.

Elle se réveille; adieu.

LETTRE XXXVIII.

CHARLES A ANATOLE.

Paris, août 1786.

On ne raisonne pas avec les passions, je le sais, et moins avec celles de mon ami qu'avec toutes autres: aussi n'entreprendrai-je pas de t'affliger en te remettant de nouveau sous les yeux les vérités chagrinantes qui ont été le sujet de nos derniers entretiens; mais dans tous les momens de la vie, nous nous devons les conseils de l'amitié, même avec la certitude qu'ils ne seront pas suivis. Tâche, mon cher Anatole, d'ouvrir les yeux sur ta situation ; sors un moment de ton cœur, et vois sur quel torrent tu te hasardes. S'il est un vice loin de ton ame, c'est sans contredit l'égoïsme ; et cependant la passion qui t'égare te laisse en butte à ce reproche. Effectivement, Anatole, quel autre intérêt que le tien (je me trompe, que celui de ton amour, et il ne faut pas les confondre), quel autre intérêt, dis-je, paraît t'animer aujourd'hui ? Serait-ce celui de ce même objet auquel il se rapporte ? Tu ne peux te faire illusion au point de ne pas découvrir l'étendue du danger où son penchant peut la conduire ; la perte irréparable de l'amitié, ou du moins de l'estime de sa mère, l'abandon de son père, tous les chagrins qui peuvent en résulter pour elle : voilà les premiers malheurs qui la menacent. Mais il s'en faut bien que ce soient les seuls, et puisse-t-elle échapper à ceux qu'un funeste pressentiment me fait craindre, et contre lesquels ta propre sécurité ne me rassure pas! Écoute-la s'expliquer elle-même; n'ont-elles pas retenti dans ton cœur, ces paroles: *Mon ami, un effroyable avenir nous menace?* Je ne te ferai pas de question ironique; je ne te demanderai pas si l'intérêt de ta sœur entre pour quelque chose dans ton penchant pour sa fille? Mais je ne puis me dispenser de te communiquer une observation qui ne laisse aucun doute sur les chagrins que tu lui prépares; je ne sais comment j'ai oublié de t'en parler dans notre conversation du parc. Curieux de sonder madame de Clénord, un soir que je m'entretenais seul avec elle (il était question de ma famille), je glissai dans la conversation, d'une manière assez naturelle, qu'une de mes cousines venait récemment d'épouser son cousin-germain : l'éloignement qu'elle témoigna pour ces sortes d'union me confirma dans l'opinion où j'étais que ses principes, à cet égard, n'étaient susceptibles d'aucune séduction. Après t'avoir prouvé que tu compromets également le bonheur de Cécile et de sa mère, il est assez inutile de te parler des autres, encore moins de toi-même, puisque tu as prévu tout ce que j'aurais pu te dire, en me déclarant dans ta dernière lettre *que chaque instant de ta vie actuelle justifie la fortune pour un siècle de malheurs.* Après tout, c'est moins de bonheur qu'il est question ici que de principes et de vertu : si l'on a le pouvoir de se rendre misérable, si l'on peut à force de sophismes se persuader qu'on a le droit d'entraîner les autres dans sa ruine, l'homme de bien ne poussera jamais l'égarement des passions (dans lequel il n'est point exempt de tomber) jusqu'à renoncer à toute idée de justice et de morale ; c'est de cela qu'il s'agit pour toi. Mon ami ! au nom de l'honneur, au nom de tant de belles qualités qui te mettent au-dessus des autres hommes, n'abandonne pas à l'amour le soin de ta réputation ; tu te perds si tu ne reviens sur tes pas, et tu te prépares des remords éternels ; ami, c'est un cruel fardeau !

Ne crois pas, mon cher Anatole, que ma raison soit plus prompte à te trouver des torts que mon amitié n'est ardente à te chercher des excuses ; personne ne connaît et n'apprécie mieux que moi la valeur de celles que tu peux m'opposer. J'ai vu Cécile, et je suis convenu avec toi, et je conviens encore qu'il existe dans la nature peu de femmes aussi séduisantes ; je t'avouerai même que je n'ai pu la voir dans l'état affreux où elle était réduite sans distinguer dans mon cœur une émotion étrangère à celle de la douleur et de la compassion. Te voilà bien fort contre moi ; je vais au-devant de tes objections : « Si tu n'as pu, Charles, la voir un moment sans danger aux portes de la mort, toi dont le cœur d'airain repousse si facilement les traits de l'amour, que puis-je contre elle, moi qui depuis six mois m'enivre du bonheur de l'admirer à tous les instans du jour, dont les premiers regards l'ont vu brillante de tous les attraits que la nature prodigue épuisa sur elle ; moi qui la conduisais au tombeau, victime d'un penchant funeste qui m'entraînait avant que je le crusse possible ; moi, dont l'ame de feu s'alimente d'amour, et à qui Cécile à dit : Je vous aime ? » Comme tu vois, je n'affaiblis pas tes moyens de défense : cependant je ne suis pas embarrassé d'y répondre : d'abord, avouer que je n'ai pu la voir sans émotion, n'est pas convenir que je n'ai pu la voir sans danger; c'est presque dire le contraire, car on est à peu près sûr d'éviter le péril sur lequel on est prévenu, quand on ne néglige pas les précautions : mais sans te fatiguer de raisonnemens que tu n'aurais peut-être pas la patience d'écouter, je me renfermerai dans ce dilemme : ou tu es entraîné par un ascendant irrésistible, contre lequel toutes les considérations et toutes les puissances humaines ne peuvent rien; ou tu peux vaincre ta passion. Tu vas me répondre que tu es infailliblement dans le premier cas; eh bien! n'examinons pas si les moralistes ont tort ou raison de ne voir dans ces épithètes *invincible*, *insurmontable*, que le langage métaphorique de la passion; je veux bien convenir qu'il ne te reste alors d'autre ressource que de t'abandonner à ta destinée. Mais avant de m'arracher cet aveu, il te reste à me prouver que tu ne te trompes pas toi-même sur ta propre situation. Quels efforts as-tu fait jusqu'ici pour déraciner cette passion funeste? par quels combats peux-tu justifier ta défaite? Ah! quand il s'agit d'aussi grands intérêts, c'est bien le moins de pouvoir dire : J'ai fait ce que j'ai pu. Eh! pourtant, si le mal qui te consume n'était pas sans remède, s'il existait effectivement encore des ressources, peux-tu te dispenser d'en faire usage? Joueras-tu ta propre estime, le bonheur des personnes qui te sont le plus chères, contre une simple présomption, quelque forte qu'elle puisse être? Tu t'impatientes, tu cherches où j'en veux venir : tu n'as pas de raison pour craindre que je te conseille de hasarder une seconde fois la vie d'un être charmant, à la conservation duquel toute la nature doit veiller. Tu ne crains pas ce conseil de moi, de moi qui dans une de mes lettres!.... Tu te souviens trop bien du langage que m'arrachaient les circonstances.... Il n'est donc pas question de parti à prendre, mais de tentatives à faire. Je voudrais qu'Anatole, au lieu d'attiser par des conversations semblables à celles dont il a la franchise de me rendre compte, un feu qui, je me plais à le croire, peut encore être étouffé, s'occupât d'éviter soigneusement les occasions qui peuvent les faire naitre;

qu'il devînt assez maître de lui, assez grand, assez sublime pour appliquer à guérir sa passion et celle qu'il a eu le malheur d'inspirer, toutes les facultés de son esprit, toute la générosité de son cœur; qu'il voulût se convaincre que si l'effort que je lui propose est au-dessus des forces communes, il n'est pas au-dessus des siennes, puisqu'on en peut citer plus d'un exemple; je voudrais qu'appelant à son secours cette philosophie dont il était si fier il y a quelques mois, il y puisât du moins assez de forces pour se montrer supérieur à une enfant, et se soustraire à un attachement qui, bien dirigé, peut faire encore le charme de sa vie; qu'il essayât du moins de le circonscrire dans de justes bornes, d'en faire en un mot *un sentiment dont la source soit unique-*

ment dans l'ame, dont la moralité puisse être démontrée (et elle sera bien loin de l'être tant qu'on aura besoin d'efforts *pour s'arracher*, *par intervalle*, *au plaisir de contempler cette figure angélique dont un léger coloris commence à ranimer la langueur; tant qu'on plongera des regards d'amour dans des yeux où l'attrait de l'innocence ajoute tant à l'expression du sentiment*); je voudrais, enfin, qu'après avoir obtenu ce premier triomphe Anatole consentît à ce que j'imaginasse pour l'éloigner, quelques jours d'abord, quelques semaines ensuite, des prétextes assez plausibles pour que les plus intéressés ne pussent en découvrir le motif et s'y opposer raisonnablement. Mais si tous nos soins réunis se trouvaient malheureusement infructueux, si l'ascendant d'une passion fatale l'emportait sur les efforts combinés de la sagesse et de la prudence, alors, mais alors seulement.... Jusqu'à ce temps, tu restes comptable envers l'honneur du crime, oui, mon ami, du crime que tu médites à ton insu.

J'expédie mon valet de chambre, il te remettra, avec ma lettre, une fiole d'une certaine liqueur que le célèbre Lesage m'a vantée lui-même comme un tonique souverain pour réparer les forces à la suite d'une maladie; j'y joins les éclaircissemens nécessaires pour en faire usage. J'aurais bien pu me dispenser de t'envoyer César, mais

Il faut, autant qu'on peut, obliger tout le monde,

et je me suis aperçu que le joli minois

d'Adèle avait trouvé grâce devant lui, et que je lui rendrais un grand service en lui offrant l'occasion de la revoir.

LETTRE XXXIX.

LE MÊME AU MÊME.

Paris, septembre 1786.

Il y a quelques jours que j'aurais soutenu que l'on ne peut trouver réunies, dans la même personne, la coquetterie et la sensibilité, la folie et la raison, l'étourderie et la décence; j'aurais eu tort; ta charmante sœur a trouvé le secret de concilier ces contradictions, et de s'en former le caractère le plus aimable et le plus original que j'aie encore remarqué. A la faveur des recommandations dont vous m'avez muni, j'ai reçu de madame de Neuville un accueil si flatteur, que je n'ai pu résister à la tentation d'en abuser : depuis huit jours que je suis ici, je n'ai pris pour règle, dans mes assiduités, que le plaisir qu'elles me procurent. Aussi mes visites ont-elles été si fréquentes, que je n'ai encore eu ni le temps ni les moyens de m'occuper des affaires qui sont le motif ou le prétexte de mon voyage.

Grâce au malheureux accident qui la retient chez elle, j'ai passé les quatre premiers jours de mon arrivée seul avec madame de Neuville et une autre dame fort aimable, quoique fort âgée, nommée la présidente de Saint-Vincent. Dans les longues conversations que nous eûmes ensemble, il ne fut guère question que de toi et de la chère malade qui n'est pas moins aimée ici qu'à Clénord, et qui peut-être y est mieux connue; ce qu'il y a de certain, c'est que je me suis aperçu, dans quelques questions insidieuses et dans quelques réflexions de l'aimable tante, qu'elle a de violens soupçons sur la véritable cause de la maladie de sa nièce, et ce qui te paraîtra moins raisonnable, c'est que j'ai même des raisons pour croire qu'elle a des doutes sur ton compte. Peut-être ai-je forcé l'interprétation de quelques mots échappés sans dessein, de quelques rapprochemens faits sans intention ; je parierais du moins en faveur de mes conjectures. Pour le moment, j'ai dû feindre de ne pas l'entendre ; mais, tout en faisant des voeux bien sincères pour n'y avoir jamais recours, j'ai vu, dans l'avenir, le parti que l'on pourrait tirer de sa médiation.

Le rétablissement de madame de Neuville a ramené le grand monde chez elle, et après avoir joui du plaisir de connaître dans son intérieur une femme sensible, raisonnable et modeste, je n'ai pas été peu surpris d'avoir une nouvelle connaissance à faire avec elle, et de trouver la même personne métamorphosée dans un cercle en petite maîtresse bien étourdie, bien légère et toujours aussi aimable.

Nous en sommes au point de nous quereller mutuellement sur ce que l'un appelle les défauts de l'autre : madame de Neuville me fait habituellement la guerre sur mon austérité; elle prétend que rien ne sied plus mal à la jeunesse qu'un extérieur raisonnable, que la sagesse et la vérité ont besoin des mêmes artifices pour se montrer sur la terre; elle veut qu'on ne mette d'importance qu'aux qualités du cœur, et maintient qu'excepté la vertu qu'elle définit la bienfaisance, tout en ce monde peut devenir un sujet de controverse : je plaide pour la raison avec bien moins de succès qu'elle ne l'attaque, et à toutes mes autorités elle en oppose une seule, c'est la sienne; le moyen de la récuser ? Mon frère m'écrit qu'il est indispensable que je reparaisse à Rennes le mois prochain, ne fût-ce que pour quinze jours. Si tu voulais m'accompagner ?

LETTRE XL.

MADAME DE NEUVILLE A MADAME DE CLÉNORD.

Paris, septembre 1786.

J'ÉTAIS bien sûre que je serais grondée; qu'à cela ne tienne, mon ange; mais tout en avouant que tu as raison dans la forme, il se pourrait encore que je n'eusse pas tort dans le fait; ce qu'à Dieu ne plaise, et parlons d'autre chose. Ma jambe va beaucoup mieux, je commence à marcher, et mes adorateurs assurent que je boite de la meilleure grâce du monde. J'en excepte cependant le chevalier d'Épival, qui, loin d'applaudir à cette fadeur, l'a relevée hier d'une manière assez plaisante. Une certaine dame de Linière sortait de chez moi; le chevalier fit l'éloge de sa personne. Le général d'Arvieux, l'admirateur le plus déterminé de mon talent à boiter, lui fit observer que cette dame était bossue. « Oui, reprit M. d'Épival, mais sa bosse est bien faite. » Le colonel ne concevait pas qu'une bosse pût avoir des charmes. « Pourquoi pas? continua Charles; une jambe plus courte que l'autre n'a-t-elle pas son agrément. » La réponse n'était pas galante, mais elle me plut par sa naïveté.

Comme rien ne t'échappe, tu voudras savoir pourquoi je range le chevalier au nombre de mes adorateurs, et comme je n'ai pas de secret pour toi, je te dirai tout bas, à l'oreille, que je le crois plus loin de l'indifférence qu'il ne l'a été de sa vie.... Folle! toujours folle! vas-tu dire; mais en cela comme en beaucoup d'autres choses, j'en appelle au temps pour me justifier.

LETTRE XLI.

PAULINE A CÉCILE.

Montfleury, septembre 1786.

On aura beau dire, Cécile, pour avoir le secret des gens on ne trouvera jamais rien de mieux que d'écouter aux portes. Grâce à cet expédient si simple, en dépit de ta réserve, j'en ai plus appris en dix minutes que je n'aurais pu faire en un an à force de soins et de pénétration. On pourrait trouver, à la rigueur, que cette manière d'extorquer une confidence n'est pas très-délicate; mais ce n'est pas le cas entre nous, j'espère; c'est mon bien que je reprends, lorsque je t'arrache un aveu ; d'ailleurs il n'y a pas d'autre moyen de rendre la partie égale entre deux amies dont l'une est plus expansive que l'autre. Avoue maintenant que tu me sais bon gré de t'avoir épargné l'embarras d'un pareil aveu, et de m'être fait jour jusqu'à ton cœur. Pauvre Cécile, combien il a dû t'en coûter pour dissimuler avec ta Pauline, pour dévorer pendant six mois tes soupirs et tes larmes ! Voilà, n'en doute pas, la véritable cause de cette maladie cruelle qui t'a conduite aux portes du tombeau. Quand j'y songe, je suis tentée de te battre; quand je te vois, je n'en ai plus le courage ; après tout, tu n'es pas aussi coupable que j'ai voulu te le faire accroire pour excuser mon indiscrète démarche ; tu ne m'avais rien confié, mais tu as eu vingt fois l'envie de me tout dire; vingt fois tu as étouffé ton secret et caché tes larmes dans mon sein; finalement ta raison a plus de tort avec moi que ton cœur. Je ne t'ai fait hier qu'une demi-confidénce; il faut acheter le pardon que tu m'as si généreusement accordé par un aveu sincère de ma faute. D'abord tu sauras que mes soupçons sur l'état de ton cœur datent au moins d'un mois avant ta maladie, et si j'en voulais fixer l'époque d'une manière bien précise, je remonterais jusqu'à certain bal impromptu où le cher Anatole, dansant avec moi, fit une chute dont une autre reçut le contre-coup. Je ne te parlerai pas de mille remarques plus ou moins importantes, puisées dans tes lettres, dans nos conversations, dans l'altération de ta santé, qui toutes donnaient à mes conjectures un nouveau degré de vraisemblance. Tu te taisais cependant, et moi-même circonspecte avec toi, pour la première fois de ma vie, je n'osais provoquer un épanchement qui peut-être nous eût épargné bien des peines. Cependant tu succombais à la violence du mal que tu concentrais au fond de ton cœur ; il n'était plus temps pour moi de chercher à y pénétrer ; j'étais donc réduite à dissimuler à mon tour, à te voir mourir d'une blessure que je n'osais indiquer ; enfin un miracle que je n'espérais plus, que j'invoquais encore, dont je connais l'auteur aujourd'hui, te rendit à la vie au moment où je ne songeais plus qu'à te suivre au tombeau. A mesure que mes craintes sur ta santé se dissipaient, je sentais renaître le désir de changer mes doutes en certitude et de surprendre ton secret. L'occasion s'en présenta dimanche soir ; je me trouvais auprès de toi, seule avec ton oncle; il voulut t'amuser par une lecture, je pris un prétexte pour m'éloigner, et faisant le tour par le corridor, je vins me tapir dans le cabinet qui fait face à ton lit. Je prêtai quelque temps l'oreille sans rien entendre; ce silence, cette lecture interrompue en disaient déjà beaucoup; ton mouchoir que je te vis porter à tes yeux en disait davantage; enfin, mon ange, que te dirai-je? j'étais là pour écouter, et j'ai tout entendu. Satisfaite du succès de ma ruse, je descendis un moment au salon et revins bientôt vous rejoindre. Je ne puis m'empêcher de rire quand je pense au tour perfide que vous jouâtes à mon petit Albert, en me cachant derrière le rideau. Vous ne vous doutiez pas, discrète Cécile, sage Anatole, quand vous riiez de si bon cœur de la confusion de ce pauvre enfant, quand vous

vous amusiez de l'embarras où vous m'aviez mise ; vous ne vous doutiez pas que vous étiez tombés dans mes filets avant de me prendre dans les vôtres, et que la punition avait précédé l'injure.

Maintenant que j'ai mis ma curiosité, ou pour parler plus juste, mon amitié et ma conscience en repos, par une confession pleine et entière; voyons un peu si, lorsque tu peux m'accuser d'indiscrétion, je ne suis pas en droit de te poursuivre, moi, comme atteinte et convaincue du crime de lèse-amitié.

Il y a long-temps que je me suis aperçue de l'extrême supériorité que j'ai sur toi en fait de raisonnement, bien que tout le monde s'entende pour soutenir le contraire ; pour te le prouver à toi-même, je me contente d'une seule observation; toutes les erreurs de mon jugement n'ont jamais coûté la vie à un oiseau, tandis qu'une seule méprise du tien a failli enlever une fille à sa mère, une amie à son amie, veux-tu que j'ajoute un oncle à sa nièce? et quel puissant motif pour une si terrible catastrophe? parce que la plus aimable des filles n'a pu voir sans l'aimer l'homme de France le plus séduisant, que cet homme a le malheur d'être le frère de sa mère, et qu'elle n'a pas encore payé les soixante ou quatre-vingt mille livres qu'il faut envoyer à Rome pour avoir la permission d'aimer son oncle, en tout bien tout honneur, et qu'il faut absolument mourir en attendant les dispenses.

Dis-moi, Cécile, n'es-tu pas honteuse d'être si bête avec tant d'esprit, et ne voilà-t-il pas de fort belles raisons de la frayeur épouvantable que tu nous a faite! Je ne me donne pas, moi, pour une grande raisonneuse, bien que depuis six mois je sois devenue bien savante, mais je soutiens qu'une action assez indifférente en elle-même pour devenir innocente à prix d'argent, ne pouvait être criminelle avant cette formalité. Plus je réfléchis sur ce que je vois, sur ce que j'entends, plus je trouve de contradictions dans ce monde ; j'ai dans l'idée que je passerai ma vie à chercher à les concilier.

Maintenant que nous pouvons nous entendre, je te dirai que j'avais prévu ton penchant : le moyen d'échapper aux incroyables rapports qui vous attiraient l'un vers l'autre? Si tu crois ton bonheur intéressé à combattre ton amour, je t'offre mes secours, mes conseils; je moraliserai, si je m'en mêle, tout aussi bien qu'un autre; si tu n'es pas tout-à-fait un ange, je partagerai tes peines, tes dangers; mais si tu veux mourir, je me fâche.

Nous devons aller passer le temps des vendanges à Beaugency; près de deux mois sans voir Cécile! Tu vas croire qu'il y a là quelque réticence; eh bien! pour te donner l'exemple de la franchise, je t'avouerai que j'ai fait sonner si haut les talens et le goût d'Albert pour la chasse, que mon papa, le plus déterminé chasseur du pays, se propose, sans y entendre malice, d'engager ta maman à nous l'envoyer pour une quinzaine de jours; voilà déjà un petit palliatif contre l'absence; un second plus puissant sur lequel je compte, c'est ton exactitude à m'écrire.

Adieu, bon ange; j'irai t'embrasser demain avant notre départ.

P. S. Sais-tu que la querelle du

comte avec le vieux chevalier a failli devenir sanglante; ils se sont battus ce matin : les duels ne sont probablement plus, comme autrefois, *le jugement de Dieu;* autrement Dieu cette fois aurait jugé fort mal, puisque le pauvre chevalier a été désarmé par son adversaire. Heureusement cette affaire n'aura pas d'autre suite.

LETTRE XLII.

ANATOLE A CHARLES.

Beauvoir, septembre 1786.

Tu me demandes quels efforts j'ai fait pour étouffer mon amour? quels combats j'ai soutenu? Je pourrais répondre par un volume, je me bornerai à quelques mots. J'ai rendu justice à cette raison supérieure qui a dicté ta lettre, et dans l'ivresse de l'amour j'ai pris conseil de l'amitié. Je connais ta justice, Charles, et lorsque tu me rends responsable de toutes mes actions, tu ne peux vouloir que je le sois de cette inévitable destinée dont le courant m'emporte en dépit de la résistance surnaturelle que je n'ai cessé de lui opposer. Les événemens se sont pressés sur les huit jours écoulés depuis ma dernière lettre, et par une fatalité dont la raison ne peut rendre compte, il n'en est aucun qui n'ait concouru à creuser l'abîme qui s'ouvre sous mes pas.

Lundi dernier Cécile descendit pour la première fois au salon, où tu crois bien que la société devait être nombreuse; la vieille marquise de Saum..., madame de Cast....., sa fille, madame de Phil...., tous nos voisins à quatre lieues à la ronde se trouvaient au château ce jour-là; les uns jouaient, les autres faisaient de la musique; Pauline et Cécile, retirées dans l'embrasure d'une fenêtre, s'entretenaient bas, mais on lisait sur leur physionomie qu'elles agitaient un point bien important. Le comte de Montford vint me proposer une partie d'échecs; l'honnêteté exigeait que j'acceptasse: je jouai; j'avais la tête ailleurs, je perdis. Mon adversaire, qui m'avait entendu citer par M. d'Amercour pour le plus fort du pays, en conclut que ce titre lui était dû et fit sonner bien haut sa victoire. Je demandai ma revanche, il m'offrit un *cavalier*; j'insistai pour jouer à but, il sourit dédaigneusement, et je lui proposai de jouer vingt-cinq louis la partie; il accepta. Cette petite altercation avait rassemblé autour de nous une galerie nombreuse qui voulut prendre part au sort des joueurs; tous ceux qui avaient été témoins de la première partie parièrent en faveur du comte. M. d'Amercour seul pariait pour moi; Cécile et Pauline se joignirent à lui et prirent place à mes côtés: cette fois je jouai sans distraction. Cécile, à qui j'ai rendu ce jeu familier, suivait le mien avec tant d'intérêt qu'elle pâlit visiblement en s'apercevant de la marche d'une *tour* qui me faisait un double échec du *roi* et de la *dame*; mais le coup était prévu, et je rendis bientôt à ses joues leur aimable coloris en interposant un *cavalier* de réserve entre mon *roi* et la *tour* de mon adversaire, et en découvrant un *fou* qui faisait mon homme échec et mat.

Tu aurais de la peine à te faire une idée de la confusion et du dépit du présomptueux Montford, en se voyant pris dans ses propres filets. Je lui proposai sa revanche et *la tour*, que je suis véritablement de force à lui rendre. Piqué de la proposition il me répondit d'un ton ironique qui m'expliquait sa pensée : « Je vous demande un plus grand avantage, c'est de permettre que Mademoiselle s'éloigne » (en regardant Cécile). L'éclair d'indignation qui brilla dans mes yeux lui imposa silence; il ferma l'échiquier, mais je vis sur ses lèvres un sourire perfide qui m'avertit de mon indiscrétion. Le courrier va partir. Adieu, mon ami.

LETTRE XLIII.

LE MÊME AU MÊME.

Beauvoir, octobre 1786.

Comment cet insolent Montford a-t-il découvert le secret de mon cœur? L'amour s'échappe-t-il à travers mes pores? est-il empreint sur mon front? s'exhale-t-il avec mon haleine? De quoi m'ont servi tous mes efforts, toutes les privations que je me suis imposées, si l'indifférence elle-même n'a pu s'y méprendre?... Charles, je te le dis avec effroi, mais avec l'assurance de la conviction, il n'est plus que cette alternative pour moi : Cécile ou la mort. Je te tromperais si je cherchais à te laisser un espoir que je n'ai plus. Tu me parles d'absence, c'est aussi la mort que tu proposes. Un entretien, pour lequel j'aurais donné ma vie, que par un courage au-dessus des forces humaines, j'avais évité depuis son rétablissement, que le hasard m'a forcé d'avoir, vient de détruire pour jamais la sécurité d'innocence dans laquelle se reposait mon cœur.

Dimanche dernier, ma sœur, voulant faire prendre l'air à sa fille qui n'était pas sortie depuis sa convalescence, proposa une promenade à Chambord; plusieurs personnes voulurent être de la partie, et comme les deux voitures dont on pouvait disposer ne suffisaient pas pour tout le monde, on parla de monter sur des ânes : cette idée plaisante fut généralement accueillie, et tous les domestiques furent envoyés à la recherche d'une douzaine d'ânes dont nous avions besoin : le comte demanda la permission de monter à cheval, mais cette permission ne lui fut pas accordée. Dans un autre moment, j'aurais des détails extrêmement comiques à te donner sur notre cavalcade, et sur quelques-uns des écuyers dont je n'étais pas le moins grotesque, le sort m'ayant pourvu d'un baudet d'une si petite taille, que j'étais obligé de retrousser mes jambes pour ne pas faire la route à pied.

Après quelques événemens assez drôles qui nous tinrent en gaieté toute la route, nous arrivâmes au terme de notre promenade : il y avait dans la société une dame anglaise et son mari, qui désiraient visiter le château; mais avant de satisfaire leur curiosité, l'appétit général, que l'exercice avait éveillé, fit songer à l'âne chargé de provisions : je connaissais dans le parc immense qui entoure le bâtiment un lieu charmant; c'est une petite colline couronnée par des chênes contemporains de l'édifice, au bas de laquelle serpente une petite rivière formée par le concours des eaux qui s'échappent de son sommet. L'endroit fut trouvé délicieux; l'inconvénient de n'y pouvoir trouver place que par groupes de deux ou trois personnes, n'empêcha pas d'y faire les préparatifs du repas champêtre après lequel chacun soupirait. Je présidais aux dispositions qu'exigeait l'emplacement. Le buffet fut dressé sur une espèce de plate-forme, et chaque société particulière s'arrangea comme elle put dans les environs; bien entendu que les plus gourmands s'emparèrent des places les plus voisines de l'office.

Comme il fallait mettre de l'ordre dans les distributions, Cécile et moi restâmes au buffet pour en faire les honneurs, et quand tout le monde fut servi, nous fûmes nous nicher dans une espèce de réduit sur la crête de la colline.

Le nombre des convives avait été mal calculé, nous n'avions pour nous deux qu'un couvert, qu'un couvert, Charles! Veux-tu te faire une idée de la mesure de bonheur dont la nature humaine est susceptible? figure-toi ton ami dans cette guérite de verdure tout vis-à-vis, tout près d'elle, l'assiette sur ses genoux qui touchent aux miens, la même fourchette passant de sa bouche à la mienne, mes lèvres, mes heureuses lèvres imprimées sur le même verre, au même endroit qu'ont effleuré les siennes; c'est du poison, Charles, qu'il portait dans nos veines; un feu dévorant embrasait mon sein, nous ne mangions plus, nous ne parlions plus, nous respirions à peine; les larmes abondaient dans mes yeux, elles obscurcissaient les siens; sa main frémissait dans la mienne, nos cœurs s'enivraient d'amour.

Je ne sais combien de temps nous serions restés dans cette ravissante extase, si la visite de l'insupportable comte n'eût mis fin à cette situation dangereuse; n'ayant rien de mieux à faire en sa présence, nous achevâmes de dîner. Lorsque tout le monde en eut fait autant, nous prîmes le chemin du château; M. et madame Boyd (c'est le nom des étrangers) à qui l'on avait dit que j'avais quelques notions historiques sur les antiquités du lieu, me choisirent pour cicérone, et Cécile qui ne perd jamais l'occasion de s'instruire, fut la seule de la société qui eut le courage de parcourir avec nous toutes les parties de ce vaste édifice : les autres, en nous attendant, allèrent rendre visite à un vieux valet de chambre du maréchal de Saxe, qui depuis la mort de son maître (tu sais que le héros de Fontenoy mourut à Chambord) a conservé son logement au château.

En conduisant nos Anglais, je leur débitais ce que je savais d'anecdotes intéressantes sur ce monument d'architecture gothique et sur les personnages qui l'ont successivement habité. Je leur faisais remarquer sur une corniche de la façade orientale du corps de logis quadrangulaire, la date de 1523 suivie de plusieurs lettres dont on ne distingue plus que les deux premières *Pr* ; je leur expliquais que l'époque désignée par les chiffres était celle de la construction de l'édifice, et que les lettres qu'on y lisait encore étaient les premières du nom de Primatice, architecte de ce temps, sur les dessins duquel François Ier avait fait commencer ce bâtiment, continué par Serlio sous Henri II.

Nous avions visité le rez-de-chaussée du corps de logis principal et les quatre tours dont il est flanqué, toujours parlant de François Ier, de Henri II, de Diane de Poitiers, d'Anne de Pisseleu, du célèbre Maurice, en un mot de tous les personnages dont ces lieux rappellent le souvenir : nous étions arrivés à la tour du centre dans laquelle est pratiqué un escalier d'une structure très-ingénieuse; il est composé d'une double rampe dont les deux branches se croisent l'une sur l'autre et dont la vis circule sur un noyau commun. Pour voir l'effet du mécanisme de cet escalier, nous avions pris, Cécile et moi, par une des rampes, tandis que nos Anglais montaient par l'autre. Il résulte de sa structure que l'on tourne constamment en vue les uns des autres, mais qu'on ne peut se rencontrer qu'en haut. Sur le côté que nous suivions, quelques marches rompues effrayèrent ma jeune compagne qui ne voulut pas aller plus loin. Nous étions à peu près au milieu de l'escalier, et pour rejoindre nos deux compagnons sans nous donner la peine de descendre, j'ouvris après quelques efforts une petite porte qui devait, selon moi, communiquer avec l'autre rampe; mais à mon grand étonnement, après avoir erré quelques momens dans des détours mal éclairés, nous nous trouvâmes dans une aile du bâtiment isolé de toute autre communication par la rupture du plancher des appartemens voisins. Je me félicitai du hasard qui me conduisait dans cette partie de l'édifice qui ne m'était point connue.

Nous nous arrêtâmes à considérer une chambre où les recherches de l'art brillaient encore au milieu des ravages du temps : le jour sombre qui pénétrait à peine à travers les vitraux coloriés, ajoutait à l'impression mélancolique dont nous nous trouvâmes saisis en entrant dans ce lieu. Cécile était appuyée sur mon bras et regardait en silence ; pour la tirer de cette méditation à laquelle je craignais de me livrer moi-même : « Cet appartement, lui dis-je, était sans doute celui de la belle duchesse d'Étampes ; voyez-vous son chiffre entrelacé de toutes parts avec celui de son royal amant? On dirait que le temps a pris soin de respecter ces monumens de leur amour. — Après trois siècles, répondit

Cécile, ils nous disent encore qu'ils se sont aimés; malheur à ceux pour qui l'aveu d'un pareil sentiment est un crime! L'avenir, le long avenir s'écoulera sur leur tombeau, sans oser prononcer leurs noms! — Ah! ma Cécile, répondis-je en la pressant doucement sur mon cœur; il consacrera les nôtres à l'éloge des plus tendres amans. — Et des plus malheureux, » reprit-elle, en levant sur moi des yeux pleins d'une expression divine et laissant aller sa tête sur mon sein. Ce coup-d'œil, cet abandon, le son de sa voix auquel la hauteur des voûtes donnait je ne sais quel accent prophétique, les débris sur lesquels nous marchions, les souvenirs qu'ils réveillaient, tout concourut à exalter mes sentimens, à égarer ma raison : je tombai aux genoux de Cécile, et saisissant une de ses mains que je couvris de baisers et de larmes : « C'est trop d'efforts, lui dis-je, c'est trop long-temps comprimer les élans de mon cœur; il s'est élancé vers toi, c'est lui qui me dicte l'irrévocable serment que je te fais d'exister pour toi seule sur la terre. — Je te crois, mon bien-aimé, répondit-elle en s'inclinant vers moi; je vois en toi le présent, l'avenir, l'arbitre de ma vie, et je dévoue mon être à l'amour immortel que tu m'as inspiré. » En achevant ces mots sa bouche, sa bouche adorée se fixa sur la mienne; que devins-je, ô mon ami? Je l'ignore; le froid de la mort, le feu du ciel, circulaient à la fois dans mes veines; je tremblais, je souffrais, je brûlais, j'étais ivre : un transport insensé succède à cette fièvre violente; j'enlève Cécile dans mes bras, j'ose porter une main sacrilége sur son chaste sein.... L'excès de mon délire rappelle sa raison, l'effroi lui rend ses forces; elle se dégage et se précipitant hors de ce lieu fatal: « Fuyons, mon ami, s'écrie-t-elle, ces voûtes vont s'écrouler sur nous. » La terreur dont elle est saisie, dont je suis frappé moi-même, ne me laisse de présence d'esprit que pour m'apercevoir du danger qui la menace; Cécile, éperdue, hors d'elle-même, ne s'aperçoit pas que le plancher où elle court va manquer à ses pas: je m'élance et je l'arrête sur les bords de l'abîme; un moment plus tard, je n'avais plus qu'à m'y précipiter après elle.

La vue du péril auquel nous venions d'échapper, nous rendit à nous-mêmes, et Cécile ne vit plus dans mes yeux que l'expression de la crainte dont son action m'avait glacé; le calme rentra dans son cœur; en jetant un regard sur moi, ses yeux se remplirent de larmes;

en mesurant la profondeur du précipice, un sourire effleura ses lèvres; à ce reproche muet et tendre je répondis en rougissant.

Nous marchions en silence, cherchant à regagner la petite porte de la tour; la voix de M. Boyd, que notre absence avait alarmé, nous dirigea dans ce labyrinthe, et nous rejoignîmes nos compagnons auprès desquels je justifiai l'altération dont les traits de Cécile portaient encore l'empreinte, par une explication qui ne s'écartait pas entièrement de la vérité.

Tel est, mon ami, le récit d'un événement qui m'a conduit à une affreuse découverte; c'est que je ne puis rester auprès d'elle sans crime et que je ne puis m'en éloigner sans mourir. Depuis cette fatale promenade, je ne suis plus le même homme; l'occasion que je fuyais, je la cherche, le crime dont l'idée me faisait horreur est aujourd'hui l'espoir qui me fait vivre : semblable à l'insecte venimeux qui tourne en poison le suc de la fleur naissante, j'ai puisé sur les lèvres de l'innocence l'oubli de la vertu, le besoin d'un forfait. Quel conseil oseras-tu me donner? quel conseil pourrai-je suivre? aucun... Ta présence même...... ne pourrait prévenir notre perte commune, qu'en me faisant mourir de honte.

LETTRE XLIV.

MADAME DE CLÉNORD A MADAME DE NEUVILLE.

Beauvoir, octobre 1786.

Je ne trouve rien du tout d'impossible à ce que l'homme le plus sage s'attache à la femme la plus folle, nous en avons tant d'exemples sans compter celui du misantrope Alceste! Pour mon compte et pour le tien, je désirerais que tu disses vrai, ma sœur, et que tu ne bornasses pas tes succès à ranger le philosophe au nombre de tes adorateurs. Je suis bien sûre qu'Anatole forme les mêmes vœux.

Tu n'as pas oublié que tu m'as promis de quitter Paris à ma première réquisition; en conséquence, je te requiers au nom de la petite communauté et au mien en particulier, de faire tes dispositions pour être rendue à Beauvoir dans le délai de quinze jours à dater de la réception de cette lettre. Mon frère voulait même que je ne t'accordasse que la semaine, tant il lui tarde de t'embrasser et de revoir son cher Charles. Entre nous, je m'aperçois qu'il lui manque; notre société, celle de Cécile même avec laquelle il se plaisait tant, ne paraît plus lui suffire; sans nous aimer moins il vit plus retiré, son humeur devient plus sombre, nous sommes quelquefois des journées entières sans le voir à d'autre moment que celui des repas, et jamais il ne nous entretient que du retour de Charles. Je cherche à le distraire tant que je puis, et ce motif, autant que celui de la santé de ma fille, m'engage à saisir toutes les occasions d'amusemens qui se présentent.

Avant-hier nous avons fait une partie à Chambord où nous nous sommes tous beaucoup amusés, et qui paraît avoir fait diversion à l'impatience de mon frère.

Souviens-toi que dans quinze jours il faut que je t'embrasse morte ou vive.

P. S. Le retour de M. de Clénord est retardé; il ne sera pas ici avant la fin de novembre.

LETTRE XLV.

CHARLES A ANATOLE.

Paris, octobre 1786.

Un jeune ecclésiastique, avec lequel j'ai fait mes études à Rennes, privé d'un petit bénéfice qui le faisait vivre et tombé dans l'indigence, fut recueilli dans le château d'un vieux gentilhomme qui le chargea de l'éducation de sa fille unique. Il eut le malheur d'inspirer à son élève la passion la plus funeste et ne tarda pas à la partager. La raison, la probité, luttèrent quelque temps avec succès contre le penchant de son cœur, mais il employa ses forces à combattre l'amour, quand il fallait le fuir, et bientôt il n'en eut plus la volonté ni le courage. Ce qu'il devait à son bienfaiteur, à son caractère, aux droits les plus sacrés, tout fut oublié. Le malheureux jeune homme sortait de sa chambre vers le milieu de la nuit pour s'introduire dans celle de son écolière, qu'il avait fait consentir à ce premier rendez-vous : sur l'escalier il rencontre le père de son élève qu'il croyait endormi. Le vieillard l'embrasse, lui remet une lettre et va se coucher. Impatient de savoir ce que ce papier contient, il s'approche d'une lampe qui brûlait encore dans le corridor, et trouve le brevet d'une place de sous-précepteur des pages du comte d'Artois, qui venait de lui être accordée à la sollicitation de l'homme dont il allait déshonorer la fille. La lecture de cet écrit réveille pour un moment dans son cœur le sentiment du devoir et de l'honneur, et lui découvre toute l'étendue de son crime; mais enivré d'amour il hésite, et le peu de raison qu'il conserve l'avertit que dans un moment il n'hésitera plus. Également incapable de supporter l'idée de la honte éternelle dont il va se couvrir, et de renoncer au bonheur qui l'attend, il prend conseil d'un noble désespoir, rentre dans sa chambre et se fait sauter la cervelle.

LETTRE LXVI.

CÉCILE A PAULINE.

Beauvoir, octobre 1786.

Ce n'est que dans ton sein, ma chère Pauline, que je puis épancher mon ame; ce n'est qu'à toi que je puis parler de lui.... Ton indulgente amitié accueille mes soupirs et ne les repousse pas sur mon cœur : je ne crains pas de rougir devant toi..... Je ne crains pas de te laisser voir le déplorable état où je suis réduite. C'en est fait, mon amie, l'amour, l'amour le plus coupable s'est emparé de mon être; chaque jour, chaque heure, chaque moment ajoute à mes maux, ajoute à mon désespoir : je vois l'abîme, je le vois, et j'y cours; je connais, je chéris mes devoirs, et je ne puis les remplir; j'assiége les autels pour obtenir de Dieu le pardon de mon erreur, mais je n'ose lui demander d'en tarir la source : je craindrais d'être exaucée. Enfin je suis arrivée, Pauline, à ce dernier terme de l'égarement, que je refuserais de recouvrer ma première innocence au prix de cet amour, le crime et le charme de ma vie. Depuis ton absence, le mal qui me tue a fait des progrès affreux, et s'est aggravé par tous les remèdes dont j'ai voulu le combattre; tous mes efforts, tous les siens ont tourné contre nous, et maintenant nous ne voulons plus guérir. Quand je te parle de mon penchant funeste, pourquoi n'osé-je pas en nommer l'objet? Pourquoi ma plume craint-elle de tracer son nom? C'est que le nommer c'est prononcer mon arrêt. Il est donc vrai que je l'aime... qui?... le frère de ta mère, ton oncle, malheureuse..., et je ne meurs pas de honte, de remords! Ah! j'ai voulu mourir quand il restait encore quelque vertu dans mon cœur; maintenant je ne le veux plus, je veux vivre, vivre pour Anatole, vivre pour l'aimer, vivre pour en être aimée. Tu m'offres tes conseils, Pauline, pour étouffer ce sentiment dénaturé. Pour l'étouffer, il faudrait qu'il n'eût pas éteint en moi tout courage; qu'il n'eût pas subjugué toutes mes affections, toutes mes volontés, qu'il ne fût pas plus nécessaire à ma vie que l'air que je respire, plus puissant sur mon être que le Dieu qui m'a créée; il faudrait que je n'eusse pas mis en lui tout mon bonheur, tout mon avenir. Point de conseils, mon amie, ils sont inutiles; ce sont des reproches que je mérite, ce sont de consolations dont j'ai besoin, et c'est de la seule amitié que j'en puis attendre. Aie pitié de moi, je suis bien à plaindre! je veille dans les remords, je m'endors sur mes larmes, et je n'ose plus embrasser ma mère....

Tu n'éprouveras jamais ce supplice affreux, ma jeune et vertueuse amie; tu peux regarder ton amant en serrant ton père dans tes bras, tu peux nommer Albert devant lui, l'amour dans ton cœur ne fait pas rougir la nature; cet horrible droit m'était réservé.

Il manquait à mon supplice d'apprendre le retour de mon père. Il arrive le mois prochain pour me présenter le comte en qualité d'époux ; mille fois la mort !...

LETTRE XLVII.

PAULINE A CÉCILE.

Beaugency, 1786.

Tu ne veux pas de conseils, je vais t'en donner; tu veux des reproches, et je ne t'en ferai pas, car il me semblerait tout aussi juste de gronder quelqu'un parce qu'il s'est laissé frapper d'un coup de tonnerre. Je te le répète, de toute éternité cet homme avait été créé pour toi; si c'est ton oncle, c'est la faute de ton grand-père et c'est au pape à la réparer. Il faut beaucoup d'argent pour cela? Eh bien! nous en trouverons;

je serai riche, je serai majeure un jour.... et le Saint-Père nous donnera des *dispenses*, ou il dira pourquoi. Tout ce que je voudrais de toi maintenant, c'est que tu ne perdisses pas la tête; c'est que la crainte de l'avenir ne t'aveuglât pas sur le présent.

Si j'avais été ma maîtresse, je serais partie pour te joindre après la lecture de ta dernière lettre qui m'a glacée d'effroi. Tu te perds, ma Cécile, par la seule raison que tu te crois perdue; ne vois-tu pas que l'amour se fait une arme de ton découragement; arme plus dangereuse, plus prompte que ne pourrait être l'espoir le plus flatteur? Je t'en conjure, ma plus tendre, mon unique amie, prends un peu de courage, ose fixer les yeux sur toi, sur ta situation; elle n'est que difficile : un pas de plus, et tu la rends désespérée. Tant que Cécile conservera sa propre estime, qu'un sentiment né à son insu n'a pu lui faire perdre, elle restera maîtresse de sa destinée, et tout ce qui l'entoure finira par respecter un penchant que l'on sera forcé de croire vertueux, puisqu'il aura pris naissance dans le cœur de Cécile. Mais si l'amour l'avilissait jamais à ses propres yeux, si, victime d'un égarement funeste, elle armait à la fois contre elle les devoirs et les préjugés, c'est alors qu'elle pourrait connaître les remords, puisqu'elle aurait détruit son bonheur et celui des personnes qui lui sont le plus chères. Pardonne-moi, mon amie, d'oser arrêter ta pensée sur cette effrayante supposition et de l'avoir conçue en lisant ta lettre; mais je n'ai pas voulu perdre la seule occasion que tu m'aies jamais offerte et que tu m'offriras jamais, de te trouver l'apparence d'un tort, dussé-je en avoir un de plus avec toi, et c'est de bien bon cœur que j'en conviendrai.

Sans les inquiétudes que tu me causes, je m'amuserais beaucoup à...... J'y suis avec Albert, et nous y parlons sans cesse de toi; mon père, qui l'emmène tous les matins à la chasse et qui ne revient que pour dîner, s'imagine que Diane vole à Psyché la moitié des journées de l'Amour; mais, entre nous, il arrive souvent que mon jeune chasseur laisse son compagnon courir les bois et revient me faire hommage du gibier qu'il n'a pas tué. Il en est quitte pour un petit mensonge; il fait croire à mon père qu'il s'est égaré à la poursuite de quelque lièvre, et, pour rendre la chose plus probable, il a soin de montrer sa carnassière remplie...... par les soins d'un garde-chasse.

Le projet de ton père n'a d'effrayant que la peur qu'il t'inspire, et tant que tu n'auras d'autre tort à ses yeux que de ne pas vouloir de son impertinent Montford, il faudra bien qu'il le souffre patiemment, tout impérieux, tout sévère qu'il est. J'ai reçu hier des nouvelles du couvent; elles sont bien tristes. *Ma chère dame* m'écrit que notre pauvre Adine est morte quinze jours après avoir prononcé ses vœux. Il est donc vrai que la religion ne guérit pas les blessures de l'amour!!!... A qui donc avoir recours contre lui puisque Dieu n'y peut rien? M. Albert, qui s'avise souvent d'être indiscret, a lu cette dernière, cette *seule phrase* par-dessus mon épaule, et c'est lui qui ajoute : *A l'espérance.*

Je ne sais pourquoi j'attends une lettre de toi avec une impatience, avec une inquiétude que je n'ai jamais éprouvée. Dis à ton cher Anatole que j'ai pour lui le cœur d'une nièce; d'une nièce, Cécile, mais non pas de la sienne. Avant d'écrire cette folie, je me suis bien assurée, pour deux raisons, que mon étourdi n'était plus là, et je profite de son absence pour fermer ma lettre. Bonsoir, ma tendre amie, je te presse en idée contre mon cœur.

LETTRE XLVIII.

CÉCILE A PAULINE.

Beauvoir, octobre 1786; deux heures du matin.

Je ne t'écrirai plus..... je n'en suis plus digne..... Je suis perdue, avilie, coupable envers la religion, envers la nature, envers la société; le sceau de l'opprobre est à jamais sur mon front; méprise-moi, Pauline; mais ne me plains pas, car je suis heureuse....... heureuse au sein du crime!..... Ce crime n'est pas le mien seul, un autre le partage; et quand j'adore mon complice, il faut bien que j'aime le forfait qui nous unit. Je me fais justice, je renonce à l'estime des autres, je renonce à ton amitié même; ce sacrifice est le seul qui coûte à mon amour !.....

Je reçois ta lettre; tes pressentimens m'avaient jugée ; ta prédiction est accomplie; je suis dévouée à des remords éternels ; mais ce sacrifice, tout horrible qu'il est, ne compense pas le coupable bonheur que je trouve dans mon offense. Cet aveu met le comble à l'horreur que je dois t'inspirer, et mettra sans doute un terme à ta pitié pour une malheureuse qui, dépouillée de toutes vertus, ne cherche pas même à s'en faire une du repentir. Adine est morte ! et je vis !!

LETTRE XLIX.

ANATOLE A CHARLES.

Beauvoir, octobre 1786.

Je ne préparerai pas ton cœur au coup affreux que je vais lui porter. Tout est dit.... elle est à moi ! à moi ! ! te dis-je, et ce mot n'est pas écrit avec mon sang !.... Dois-je poursuivre ? voudras-tu m'entendre, et quand de mon propre aveu j'ai violé tout ce qu'il y a de sacré sur la terre, qu'y a-t-il encore de commun entre nous ?.... Tu as été mon ami, Charles, sois aujourd'hui mon juge, mais en prononçant mon arrêt, ne confonds pas, je t'en conjure, avec ma faute personnelle, un crime dont le destin seul est responsable. Je t'entends me répondre que ta dernière lettre m'enlève cette excuse, qu'il fallait y lire mon devoir, et opposer la mort à l'ascendant de ma destinée. Si par un reste de confiance dans nos forces unies, par une suite de l'aveuglement déplorable où j'étais, où je suis plongé, par attachement pour la vie, que mon amour me rend si chère; si par tous ces motifs réunis, je n'ai pas eu le courage de concevoir moi-même l'idée d'un honorable suicide, j'avais encore, n'en doute pas, celui d'accomplir, en l'exécutant, ce dernier vœu de l'amitié. Le passé peut à cet égard me servir de garant; j'ai pu vouloir la quitter mourante ; il était plus facile de mourir que de la quitter ; mais l'irrévocable arrêt était porté ; ta lettre seule pouvait en prévenir l'exécution ; tu vas apprendre par quelle fatalité elle est devenue l'instrument de ma perte.

L'événement de Chambord, dont je t'ai rendu compte, avait étouffé dans mon ame tout sentiment étranger à mon fatal amour. Cécile seule existait pour moi dans la nature, et la certitude des plus affreux supplices, de l'éternité des vengeances célestes, n'aurait pu distraire mon idée du bonheur dont je me composais l'image. Je la cherchais le jour ; entouré, la nuit, de quelques-uns de ses vêtemens que je dérobais en secret, j'en habillais mon fantôme adoré ; ma brûlante imagination lui prêtait la vie ; le sommeil ne me surprenait au milieu de mon délire que pour le combler dans mes rêves; l'occasion seule manquait à la réalité : telle était ma situation lundi matin quand je reçus ta lettre : il en jaillit un trait de lumière; toutes les puissances de la vertu, de l'honneur, s'élevèrent à la fois dans mon ame, et j'embrassai l'idée de la mort, comme le malheureux qui se noie saisit la planche hospitalière. Un seul obstacle m'arrêtait encore; il fallait éviter que le coup dont j'allais me frapper n'entraînât Cécile dans ma chute; il fallait ménager le cœur de ma sœur et de mon père.

La nuit fut employée à prendre les mesures que je crus propres à prévenir ces malheurs. Je confiais à tes soins l'exécution ultérieure de mon plan qu'il est désormais inutile de te communiquer.

Mes lettres écrites, le jour commençait à poindre ; je quittai ma chambre ; en passant devant celle de Cécile, une sueur froide se répandit sur tout mon corps, mes genoux chancelaient ; je profitai du peu de forces qui me restaient encore pour m'éloigner d'un lieu où je laissais déjà la moitié de ma vie.

Je crois t'avoir dit dans une de mes lettres que j'avais dérobé à ma sœur la clef des souterrains consacrés à la sépulture de mes ancêtres maternels ; j'y avais marqué ma place. Je traverse le parc à grands pas, muni de mes pistolets ; je descends dans le fossé, et je me prépare à allumer le flambeau qui doit me guider dans ce lieu funèbre. Quelle est ma surprise ! la porte de la voûte est ouverte ; j'avance doucement sous la galerie souterraine ; je crois entendre quelque bruit, j'approche en tremblant : à la lueur d'une lampe allumée dans le caveau principal, je crois voir l'ombre de Cécile appuyée sur la tombe de ma mère, les cheveux épars, les yeux tournés vers moi. Mes cheveux se dressent sur ma tête, mon sang se glace, je reste immobile. « Ne vous effrayez pas, Anatole, me dit Cécile (c'était elle-même) avec un sourire dédaigneux ; vous ne m'attendiez pas à *ce rendez-vous,* mais il faut un témoin pour le sacrifice héroïque que vous venez consommer, et je veux l'être. » Je voulus prendre la parole : « Ne cherchez pas à me tromper, ajouta-t-elle, j'ai été instruite de votre dessein, le jour où vous avez pris la clef de ce caveau dans la chambre de ma mère ; j'ai épié vos démarches, je connais l'usage de cette arme que vous cachez, et je veux bien vous épargner les reproches que je suis en droit de vous faire..... Le temps est précieux, vous venez ici pour mourir et non pour répondre à mes plaintes; je ne vous envierai pas un bien dont je connais le prix, mais je le partagerai du moins avec vous. — Oh ! ma Cécile, m'écriai-je en me prosternant à ses pieds; écoute, je t'en supplie, le dernier vœu de l'amour au désespoir. — Je ne vous écoute point, interrompit-elle en pleurant; vous avez voulu me tromper. — Je ne veux rien que t'aimer et te le prouver à tous les momens de ma vie. — Vous m'aimez, Anatole, et vous venez ici, seul, chercher le trépas; vous avez dû croire que je ne vous survivrais pas, pourquoi donc empoisonner ma mort? et si vous avez pu me supposer assez de force et de courage pour ne pas vous suivre au tombeau, que vous ai-je fait pour me condamner après vous au supplice de la vie? Mais ce projet cruel, vous ne l'avez pas conçu ; voilà votre excuse, j'en ai suspendu l'exécution ; voilà mon espoir. Maintenant écoutez-moi (ajouta-t-elle en me faisant asseoir près d'elle sur une des marches du tombeau) : depuis un mois, chaque jour je devance ici l'aurore, je viens sur la tombe de votre mère évoquer son ombre chérie, et lui demander d'obtenir de la bonté divine le pardon d'un crime que sa toute-puissance ne saurait faire cesser qu'avec ma vie. Plus généreuse que vous, je n'avais point encore réclamé le droit de disposer des jours dont je vous ai fait l'arbitre ; mais votre résolution a décidé la mienne, le même motif nous réunit dans ce séjour, un même sort nous y attend.... Si tu veux, Anatole, continua-t-elle, nous n'en sortirons jamais. Tu vois cet espace étroit (en me montrant une espèce de fosse creusée à quelque distance de nous), il suffit pour nous deux, et j'y peux trouver dans tes bras le sommeil de l'éternité. — Non, Cécile, m'écriai-je, non, tu ne mourras pas; trop de liens, trop de devoirs te retiennent au monde; trop de destinées sont attachées à la tienne, je t'en conjure, ma bien-aimée, au nom de ta mère qui peut-être en ce moment rêve au bonheur de sa fille, laisse-moi le maître de terminer mon sort; il est trop heureux, puisqu'au moment de te quitter pour jamais, il m'est encore permis de te dire combien je t'aime... Cécile, ma Cécile, ajoutai-je en baignant ses mains de mes larmes, il est temps que je meure. L'amitié, l'honneur, l'amour même, demandent le sacrifice de ma vie, et tous exigent que tu conserves la tienne. — Je ne vous demande pas, reprit Cécile avec calme et dédain, de justifier un raisonnement absurde, et de m'expliquer en quoi nos devoirs sont différens, quand notre position est la même; quels droits vous avez de plus que moi de disposer de vos jours?... Laissons les discours superflus : jure par l'ombre de ta mère qui préside à notre entretien, que tu n'attenteras pas à tes jours, ou je la prends moi-même à témoin (continua-t-elle en s'éloignant de moi, et approchant de sa bouche un flacon qu'elle tira de son sein), que je fais en ce moment même couler ce poison dans mes veines.—Je jure de vivre pour toi, m'écriai-je, effrayé de son action et du désespoir dont tous ses traits portaient l'empreinte ; et si je manque à mon serment, puisse ma cendre ne jamais reposer dans cette enceinte sacrée.» Cécile, à ces mots, se jette dans mes bras, nous tombons à genoux sur la tombe, et nous confondons nos soupirs et nos larmes. Mais bientôt effrayé des mouvemens qui se passent en moi, des transports que j'éprouve : « Sortons, lui dis-je en la pressant contre mon sein, sortons de cet asile funèbre. — Il est fait pour nous, reprit Cécile ; c'est parmi les morts qu'il nous convient de vivre,... je ne suis bien qu'ici ; mon ame embrasée a besoin du froid des tombeaux.» En parlant, elle s'attachait plus fortement à moi ; ses larmes coulaient sur ma joue, sa respiration brûlante effleurait mes lèvres ; je ne me connaissais plus, Charles ! la sainteté du lieu, les images funèbres, cette horreur ténébreuse qui nous environnait, loin d'affaiblir mes transports, semblaient en nourrir l'ardeur; ma raison se perdit entièrement, je me sentis seul avec l'amour: «Viens, Cécile, lui dis-je en la soulevant d'un bras égaré, viens sur cet autel de mort recevoir les sermens de l'amour. — Cet amour est un crime sur la terre, mais ici nous ne sommes plus dans le domaine des hommes.» Que te dirai-je, Charles! Cécile éperdue, prosternée sur la tombe maternelle, embrassant d'une main l'urne cinéraire, ne fut pas un objet sacré pour moi; le délire qui m'égarait s'empara de ses sens; nos bouches unirent nos ames confondues, l'inceste et le sacrilége furent consommés...

Ce moment d'éternelle félicité, d'éternels remords fut immédiatement suivi d'un événement aussi simple dans sa cause qu'épouvantable dans ses effets: à peine l'amour avait-il ouvert sous nos pas un abîme de délices et de malheurs, que la lampe dont ces voûtes étaient éclairées s'éteignit avec un bruit extraordinaire et nous laissa plongés dans les ténèbres les plus profondes. Cécile jette un cri lamentable et reste sans vie dans mes bras; j'ai peine à ne pas succomber moi-même à la terreur dont je suis atteint : mon imagination frappée s'entoure de spectres, de fantômes. Je prends Cécile dans mes bras, je marche au hasard, croyant me diriger vers l'issue du souterrain ; tout-à-coup la terre s'ouvre sous mes pas et je me trouve enseveli avec mon précieux fardeau : tout ce que le corps peut éprouver de sensations convulsives, tout ce que le cerveau peut enfanter d'images épouvantables, se réunit sur ce moment de mon existence ; je me crus abîmé dans les entrailles de la terre. Insensiblement la réflexion commençant à dissiper ces affreux prestiges, je me rappelai où j'étais, et, quittant pour un moment Cécile, je sortis de la fosse où nous étions tombés, et je parvins en tâtonnant à retrouver l'entrée de la voûte. Je me souvins alors du phosphore que j'avais apporté avec moi; j'allumai mon flambeau et je rentrai dans le souterrain où je trouvai Cécile étendue sans connaissance dans cette même fosse qu'un moment auparavant elle m'avait montrée, en me disant : *Elle suffit pour nous deux*. Je m'approche, elle était pâle, froide, ses yeux étaient fermés, sa bouche entr'ouverte et décolorée n'avait plus d'haleine; ma main tremblante cherchait en vain sur son cœur la preuve d'un reste de vie ; je la crus morte. Peins-toi mon désespoir, peins-toi ma fureur ; j'allais, je venais, je la pressais dans mes bras, je l'appelais ; n'osant aller chercher des secours, n'osant la transporter dehors en cet état. Sur le point de me faire sauter la cervelle, j'aperçois près de la porte un large vase de marbre rempli de cette eau que la piété consacre ; j'en laisse tomber quelques gouttes sur ses lèvres, j'en humecte ses yeux, ses tempes. Bonheur inespéré ! cette fraîcheur salutaire a ranimé ses esprits ; sa poitrine s'élève, ses yeux s'entr'ouvrent ; avant qu'elle ait recouvré son jugement, je m'empresse de l'arracher à ce séjour de ténèbres ; l'air frais du matin achève de la rendre à la vie, au repentir et à l'amour.

Cécile en reprenant l'usage de ses sens, en recueillant ses idées, revit avec effroi la lumière : c'est à-présent qu'il faut mourir, dit-elle en cachant sa céleste figure dans mon sein. Dieu nous pardonnera, mon cher Anatole, les hommes, jamais. — Mes prières, mes larmes, et cette idée que le ciel m'inspira, apaisèrent les premiers transports de sa douleur.

« Cécile, lui dis-je en nous éloignant de la voûte sépulcrale, l'espoir de mourir ensemble est aussi cher à mon cœur qu'au tien; mais si l'amour nous a trompés en nous conservant la vie, peut-être il nous trompe encore en nous conseillant de la quitter. Prenons l'amitié pour arbitre; consultons sur le parti qui nous reste à suivre, celui qui n'a jamais mis l'existence, le bonheur même en balance avec le devoir, et jusqu'à ce que Charles ait prononcé sur notre sort, félicitons-nous, ô la bien-aimée de mon ame, d'avoir vécu un moment pour l'amour ! »

C'est avec le consentement et sous les yeux de Cécile que j'écris cette lettre ; elle sait que son secret ne sort pas de mon cœur quand je le dépose dans le tien, et puisque tu ne peux plus séparer nos intérêts, elle te pardonne le conseil que tu m'as donné, en faveur de celui qu'elle attend.

Tu ne me demandais, pour me sauver l'honneur, qu'une vie tourmentée par le supplice des désirs; je t'offre aujourd'hui, pour le réparer, des jours embellis par la félicité suprême, des jours comptés par Cécile : crois-moi, ce sacrifice ne peut être apprécié que par nous sur la terre, et l'offre seule de le consommer (je le dis avec un sentiment d'orgueil qui ne devrait plus m'être permis) est plus inouie que l'offense même. Il est bien des hommes assez vertueux pour préférer la mort à la faute que j'ai commise, mais coupable, il n'en est aucun qui voulût mourir.

FIN DU DEUXIÈME VOLUME.

TABLE

DES LETTRES

CONTENUES DANS CE VOLUME.

IMPRIMERIE DE J. TASTU.

www.ingramcontent.com/pod-product-compliance
Ingram Content Group UK Ltd.
Pitfield, Milton Keynes, MK11 3LW, UK
UKHW031834260826
14628UKWH00001B/384

9 782011 873484